# Pluie de Roses

## II

Quelques-unes des Grâces et Guérisons

obtenues dans le cours

## de l'année 1911

par l'intercession

DE LA SERVANTE DE DIEU

# Thérèse de l'Enfant-Jésus

et de la Sainte Face

*Permis d'imprimer.*

Lisieux, le 29 février 1912.

† Thomas, *Ev. de Bayeux et Lisieux.*

---

I

Conformément au Décret du Pape Urbain VIII, nous rappelons au lecteur que les mots suivants : *miracle, relique, vision, sainte...* ont été imprimés dans ces récits pour respecter le texte des lettres reçues, sans aucune intention de devancer et de préjuger la décision de l'Eglise.

II

Les faits rapportés dans cet opuscule n'ont pas été tous contrôlés scientifiquement ou canoniquement ; nous les publions néanmoins, afin de montrer combien est générale la confiance des fidèles en l'intercession de Sœur Thérèse de l'Enfant-Jésus.

# AVERTISSEMENT

La nouvelle **Pluie de Roses** présentée au lecteur ne contient que des grâces inédites obtenues dans le cours de l'année 1911. Quelques récits, pourtant, sont datés de janvier et même de février 1912 ; mais le lecteur remarquera que les faits eux-mêmes appartiennent à 1911, sauf une seule de ces grâces qui a été obtenue le 2 janvier 1912. L'édition précédente d'ailleurs avait empiété sur janvier 1911.

Déjà d'autres récits s'amoncellent pour former, s'il plaît à Dieu, l'an prochain, un nouvel opuscule. Comme dans les éditions précédentes, ce sont *quelques-unes*, parmi les roses les plus belles et les plus originales, qui ont été choisies et offertes au lecteur.

Un chiffre dira éloquemment quelle « pluie » serrée tombe sur la terre ! Chaque jour, une soixantaine de grâces, en moyenne, sont signalées au Carmel de Lisieux.

S<sup>te</sup> Thérèse vient au secours de toutes sortes de détresses, elle répond à tous les genres d'inquiétude, à toute espèce de désirs, même à beaucoup dont la réalisation semble de médiocre importance pour le bien temporel ou spirituel de ses clients.

Combien de candidats lui doivent leur réussite aux examens ; de commerçants, de pauvres, le secours providentiel et parfois extraordinaire qui les préserve de la faillite et de la ruine ou les sauve de la misère !

Que d'œuvres traversées par mille entraves ou sur le point de périr elle a aidé à fonder ou à faire prospérer !

Nous donnons, *in extenso*, le récit de son intervention merveilleuse lors d'un incendie, mais, dans plusieurs autres sinistres, sa puissance s'est montrée d'une manière aussi frappante.

Dans les inondations, les éboulements, on a eu recours à elle et on lui attribue le salut temporel de plusieurs pauvres mineurs enfouis dans une catastrophe et restés plusieurs jours sous terre sans nourriture.

Les uns, victimes d'accidents, lui rendent grâces de les avoir miraculeusement guéris de leurs blessures; les autres la remercient d'être intervenue au moment du danger pour les en préserver. Parmi ces derniers faits, il est intéressant de signaler l'apaisement instantané d'une terrible tempête, après que la Servante de Dieu eut été invoquée. Le commandant du navire s'écriait dans sa stupéfaction : « Voilà quarante ans que je navigue, et c'est la première fois que je vois une tempête s'arrêter ainsi subitement. »

Elles sont nombreuses les familles à qui S' Thérèse a rendu l'union et la paix, où elle a adouci les chagrins, prévenu mille difficultés.

Mais, de même que la Providence de Dieu s'étend à tout ce qui respire, l'aimable sainte s'occupe des plus fragiles créatures. Jésus disait qu'il ne mourait pas un passereau sans la permission de son Père céleste; nous pourrions rapporter certains traits charmants de sa compatissante sollicitude envers de pauvres petits oiseaux...

On a vu autrefois qu'elle ne dédaignait pas de « descendre » dans les étables. Elle y « redescend » fréquemment pour conserver aux pauvres le bétail qui fait souvent toute leur fortune.

Mais qu'on nous pardonne de montrer qu'elle s'abaisse encore davantage pour le soulagement de ses frères de la terre; le fait suivant est plus curieux encore que trivial :

On sait que sainte Thérèse, grâce à ses prières, a délivré le Carmel réformé de cette gent insupportable qui s'appelle... les puces. Son angélique fille l'a imitée à l'égard de ses clients du monde et dans des circonstances qui ne sont pas ordinaires : une maison habitée par plusieurs familles était infestée de ces insectes désagréables — à cause des planchers, appelés communément « planchers à puces ». — Pour pouvoir prendre leur repos, les pauvres locataires devaient chaque soir se livrer à une chasse toujours très fructueuse ; l'un d'entre eux voulut voir un jour à combien se chiffrait l'hécatombe accomplie par lui seul : elle atteignait 70 !... Alors, se mettant en prières, il supplia S' Thérèse de délivrer la maison de ce fléau. A partir de ce jour, les parasites disparurent, et les locataires des autres étages, rencontrant la personne en question, lui firent part de leur ébahissement et demandèrent si toute la maison avait bénéficié comme eux de cette disparition soudaine qu'ils ne savaient à quelle cause attribuer.

Mais que dire des grâces spirituelles obtenues par le secours de la Servante de Dieu ! Quelle multitude de mourants ramenés à Dieu au moment suprême ; de pécheurs revenus au bien et faisant l'édification de leur entourage ; que d'âmes chancelantes dans la vertu ou violemment tentées qu'elle a retenues sur le bord de l'abîme ; combien d'autres, tristes et défiantes à qui elle a rendu la paix, la joie au milieu des tribulations, et qu'elle a jetées confiantes, comme de petits enfants, entre les bras du Père céleste.

Un personnage dont l'héroïque soumission au Saint-Père a tant édifié et réjoui l'Eglise de France, M. Marc Sangnier, au moment même où la grande épreuve que l'on sait s'abattait sur lui, trouva sur sa table de travail un « *Appel aux petites Ames* » que lui avait envoyé un inconnu. Après une hésitation, causée par le titre même, il ouvrit la brochure, et subjugué par le charme divin de ces lignes, « il sentit avec une ineffable consolation la douceur de se détacher de tout pour demeurer uniquement et inviolablement attaché à Notre-Seigneur ».

La lettre de M. Marc Sangnier adressée à tous ses collaborateurs de France, pour les engager à la soumission au Saint-Siège, est datée du 6 septembre 1910, jour de l'exhumation de S' Thérèse de l'Enfant Jésus.

Un autre personnage, accablé d'épreuves comme Job, se voyant, après tout un passé de bonté et de tendre charité, rejeté par les siens et banni sur une terre étrangère, se trouvait dans un état de trouble cruel, à un de ces moments de vertige où il semble que Dieu lui-même abandonne sa créature. C'est alors que, lui aussi, trouva sur sa table de travail « *L'Histoire d'une Ame* », apportée là par un ange, sans doute, puisque personne dans la maison n'avait connaissance de ce livre.

Il était ouvert... Le pieux personnage, qui avait une tendre dévotion à S' Thérèse, se mit à lire la page présentée à ses regards.

Immédiatement l'orage cessa de gronder, et tandis que les larmes jaillissaient de ses yeux, une confiance filiale, un abandon complet au Père céleste rentrait dans cette âme meurtrie avec la paix et la joie des enfants de Dieu.

A cette époque où se multiplient, hélas ! les attentats sacrilèges contre la divine Eucharistie, le fait suivant encouragera les âmes à recourir à la Servante de Dieu pour faire cesser ces crimes horribles :

Une misérable femme, qui avait déjà jeté la consternation dans plusieurs grandes paroisses de P., par ses sacrilèges, prit dernièrement la paroisse de X. pour le théâtre de ses diaboliques exploits.

La police refusa d'intervenir ; alors une des paroissiennes qui avait assisté deux fois, impuissante et le cœur brisé, à ces affreuses profanations, invoqua Ste Thérèse avec toute l'ardeur de son âme. A partir de ce jour, la femme disparut, et plus jamais on ne la revit.

Quant aux grâces de parfums, l'angélique sainte les répand à profusion.

Ce que ces parfums ont eu de spécial au cours de 1911, c'est qu'ils se sont particulièrement exhalés de la terre recueillie sous son premier cercueil, lors de l'exhumation.

Avant d'aller plus loin, il serait bon, à propos de cette exhumation, d'avertir le lecteur d'un fait dont l'ignorance amène souvent des méprises regrettables.

Quand le cercueil contenant la virginale dépouille de la Servante de Dieu arriva sous les yeux des assistants, tous les membres se trouvaient en place et intacts ; la tête était encore penchée à droite, comme au moment de la mort.

C'est seulement à l'instant où le cercueil fut posé sur les tréteaux, que le choc désagrégea les ossements.

Par conséquent, les personnes qui auraient recueilli dans la terre prise sous le cercueil ou à l'entour de la tombe quelques parcelles d'ossements, peuvent être sûres que ces parcelles n'appartiennent pas à la Servante de Dieu. En creusant la terre pour l'exhumation, les fossoyeurs ont trouvé plusieurs crânes et des os en quantité ; les dents et fragments d'os que, de divers côtés, on a prié les Carmélites de Lisieux d'authentiquer, ne sauraient donc jamais l'être.

Pour en revenir aux parfums exhalés par la terre recueillie sous le cercueil, ils se sont manifestés d'une manière particulièrement remarquable dans deux hôpitaux, se faisant sentir durant de longs jours, et, chose extraordinaire, plusieurs incroyants du personnel laïc les ont respirés comme les autres témoins.

Dans l'un de ces hôpitaux, tous les moyens : aération, lavages de la boîte contenant la relique, ont été employés pour faire évaporer le parfum, au cas où il eût été produit par une cause naturelle ; il a cependant persisté.

Dans l'autre hôpital, le sachet odorant a été renvoyé au Carmel de Lisieux où il n'a exhalé aucun parfum et, revenu à l'hospice de X., il a répandu de nouveau ses ineffables senteurs qui sont pour les religieuses une consolation et un réconfort dans les fatigants et souvent si ingrats labeurs de leur vie de dévouement.

Des autres innombrables cas de parfums, nous ne citerons que deux : celui d'une image qui, depuis le mois de mai 1911, ne cesse d'en exhaler, même à distance. Des centaines de témoins les ont respirés et, chose curieuse, la plupart du temps, les personnes réunies près de ce portrait sentent, au même moment, chacune un parfum différent, tandis que d'autres ne sentent absolument rien.

La dévotion que cette image a fait naître dans les âmes à l'égard de la Servante de Dieu, a été la source de grâces nombreuses, de plusieurs guérisons et conversions.

Un fait moins important, mais assez original, mérite aussi d'être rapporté. Il prouve que S' Thérèse de l'Enfant-Jésus aime à se voir reproduite même sur les cartes postales. Cette manière de répandre ses portraits en tous lieux lui est sans doute un moyen fécond d'apostolat.

Un fervent laïc, venu en pèlerinage sur sa tombe, se promenait dans les rues de Lisieux, absorbé dans ses pensées et sans rien regarder autour de lui. Soudain, un parfum d'encens l'arrête, mais ce parfum est localisé. M' X. tourne ses regards du côté d'où vient l'effluve embaumé et se trouve à la devanture d'une librairie, en face d'un rayon où sont étalées des cartes postales représentant S' Thérèse. Ce monsieur entra et acheta les cartes illustrées : « Remarquez bien, ma Révérende Mère, écrivait-il, que si je les ai achetées, c'est parce que je les ai *senties !...* »

La Servante de Dieu aime à voir publier les merveilles qu'elle opère, comme le prouve le récit n° 10; mais ses privilégiés ne s'y prêtent malheureusement pas toujours. Beaucoup imitent les neuf lépreux de l'Evangile.

Et cependant, S<sup>te</sup> Thérèse de l'Enfant-Jésus montra plus d'une fois que le manque de reconnaissance pour les bienfaits reçus la contristait. On en trouvera plusieurs exemples dans cette *Pluie de Roses*.

Il en est peut-être qui se laissent effrayer par la crainte de la publicité; qu'ils se rassurent : un bien petit nombre de faits voient le jour, et, parmi ceux que l'on imprime, il est bien facile de remplacer un nom par une initiale et d'enlever toute indication de lieu et même de date précise qui puisse faire reconnaître la personne en cause.

A côté de ces petits châtiments infligés par la Servante de Dieu à l'ingratitude et bientôt suspendus en face du repentir, il est consolant de remarquer combien les âmes dévouées à faire connaître ses faveurs deviennent privilégiées; elles sont comme des foyers autour desquels d'autres foyers rayonnent; il en est dont chaque lettre contient une vraie « pluie de roses ».

L'angélique Thérèse l'avait dit d'elle-même à l'égard de ses rapports avec Dieu : « *C'est la reconnaissance que je lui ai témoignée qui m'a attiré tant de grâces.* »

*Après ma mort, je ferai tomber une pluie de roses.*

Sœur Thérèse de l'Enfant-Jésus.

# Pluie de Roses

## II

> JE VEUX PASSER MON CIEL A FAIRE DU
> BIEN SUR LA TERRE.
> APRÈS MA MORT JE FERAI TOMBER UNE
> PLUIE DE ROSES.
>
> (Sʳ Thérèse de l'Enfant-Jésus.)

**1.**

Carmel de Marrickville-Sydney (Australie), janvier 1911.

Ayant su, par le livre des miracles de la chère petite Sʳ Thérèse de l'Enfant-Jésus, que l'eau, dans laquelle quelques pétales de roses provenant de sa tombe avaient trempé, opérait des prodiges, nous avons eu la pensée de faire tremper quelques cheveux de la « Petite Reine » dans de l'eau qu'ensuite nous avons donnée à quelques personnes malades qui en ont fait usage avec foi, et quelques-unes avec grande consolation.

Il y a plusieurs semaines, une pauvre femme à qui nous en avions donné était désolée de voir son petit enfant couvert, dans le dos, d'une quantité de boutons remplis de pus, avec une forte démangeaison ; elle lava le dos de l'enfant avec cette eau : le lendemain matin, tout avait disparu.

**2.**

Une autre mère était fort affligée : sa petite fille qui, jusque-là, avait joui d'une très bonne santé, fut tout à coup prise d'une sorte de raideur dans le pied droit, comme s'il eût été paralysé ; la jambe était flexible, mais le pied semblait avoir perdu tout sentiment et tout mouvement. L'enfant n'en souffrait pas, mais elle ne pouvait plus du tout se tenir sur ce pied. Le docteur avait dit à la mère qu'il faudrait au moins un an pour guérir l'enfant, si toutefois il y avait chance de guérison.

Il y avait une huitaine de jours que cet état de choses durait, lorsqu'avec cette même eau on fit le signe de la croix sur le pied de la petite fille. Immédiatement, elle commença à le remuer : les petits doigts du pied malade s'agitèrent alors exactement comme ceux du pied resté sain. L'enfant était guérie et elle va parfaitement depuis.

Sʳ X, *prieure*.

**3.**

X. (Sarthe), 4 janvier 1911.

Monsieur X, âgé de 74 ans, atteint d'une crise d'eczéma très aiguë, voyant que les remèdes du médecin ne lui donnaient aucun soulagement, se décida à faire une neuvaine à S⁺ Thérèse de l'Enfant-Jésus.

Après quelques hésitations, il laisse tous les remèdes de côté. « Mais, se dit-il, pour obtenir une grâce des saints, m'est avis qu'il faut être soi-même en état de grâce. » — Il était bien un peu soucieux, car il y avait 40 ans qu'il n'avait pas fait ses Pâques. — Il commence sa neuvaine, fait venir M. le Curé, se confesse, le lendemain matin va communier... et l'eczéma disparaît.

« Voyez comme les saints font bien mieux les choses que les médecins, me disait-il ces derniers jours ; jamais je n'ai eu la peau aussi belle, les yeux ne me font plus mal ; et moi qui ne pouvais prendre une goutte de vin blanc, j'en ai pris, et je n'en ai ressenti aucun malaise. »

Mais sa joie la plus grande, c'est d'être revenu dans le bon chemin. « O Monsieur l'Abbé, me disait-il, que c'est bon de recevoir les Sacrements, quelle bonne journée ! A partir d'aujourd'hui, je veux être toujours fidèle... »

S⁺ Thérèse lui a accordé la guérison du corps et celle de l'âme..

Abbé X., *curé.*

**4.**

X. (Aube), janvier 1911.

Je soussigné, docteur en médecine à X. (Aube), certifie avoir donné mes soins à M⁺ X. pour une grippe à forme hépatique grave et prolongée. Au cours de cette grippe, un ictère grave est apparu, suivi d'hémorragies profuses par la peau, la bouche, le rectum, la vessie, les conjonctives, etc... Au moment de ces hémorragies, l'état du malade était si précaire que ni moi ni mes confrères ne conservions le moindre espoir de guérison.

A ce moment (je ne puis préciser la date) est apparu brusquement un mieux qui s'est maintenu contre toute attente. Le mieux s'accentuait depuis une huitaine quand j'ai observé au mur, à la tête du malade, une vignette représentant S⁺ Thérèse. M⁺⁺ X. me dit avoir placé cette même vignette pendant 8 à 10 jours sous le matelas avant de la placer au mur.

Docteur X.

X. (Aube), 17 janvier 1911.

Je vous envoie le certificat du médecin en vous faisant remarquer, ma Révérende Mère, que notre bon docteur est protestant.

Le jour où l'on me remit la relique de S⁺ Thérèse, le docteur n'espérait pas que le malade irait jusqu'au soir. Ceci se passait vers la mi-novembre 1910. Je suis allée aussitôt trouver la jeune femme en l'invitant à avoir la plus grande confiance dans l'intercession de S⁺ Thérèse de l'Enfant-Jésus ; je l'ai engagée à placer l'image-relique, après l'avoir fait baiser par son mari, entre les deux matelas afin d'être sûre qu'elle ne serait dérangée par personne.

A partir de ce moment a commencé le mieux remarquable dont parle M. le Docteur X.

Vous jugerez comme nous, ma Révérende Mère, que cette guérison est un miracle.
X.

**5.**

X. (Irlande), janvier 1911.

La « Petite Fleur » nous a sauvés d'un horrible naufrage.

Notre embarcation, contenant 25 personnes, se trouvait prise par la tempête dans un endroit semé d'écueils.

Par une mer aussi démontée, la situation aurait été déjà critique en plein jour : il n'y a, pour arriver au port, qu'un étroit chenal au milieu des récifs. Or, c'était la nuit noire, le bateau avait perdu le chenal et se laissait emporter à l'aventure. A chaque secousse nous nous attendions à être broyés sur les rochers ; le péril était certain.

Alors je me tournai avec une confiance ardente vers la « Petite Fleur » et, soudain, après de longues angoisses, sans que la terrible situation ait changé, l'embarcation se trouvait miraculeusement au port.
X.

**6.**

X. (Belgique), 20 janvier 1911.

Au faubourg de X*** à X. un enfant de quatre ans avait avalé une épingle longue et pointue. Inquiétudes mortelles des parents pendant trois jours !

Une voisine, femme d'un officier supérieur de l'armée belge, propose de prier S' Thérèse de l'Enfant-Jésus. Refus, d'abord, des parents qui sont athées. Cependant, vendredi matin 13 janvier, après trois jours d'angoisses, la mère promet au bon Dieu de vivre chrétiennement si l'enfant guérit, et récite la prière pour demander la béatification de S' Thérèse, prière qui lui avait été apportée par M™ X. Cinq minutes après, exactement, l'enfant rendait l'épingle...

La mère a tenu sa promesse, et dimanche dernier, 15 janvier, elle assistait à la Messe. La grâce si extraordinaire obtenue à son enfant a fait aussi une impression profonde sur d'autres membres de sa famille et ramené la conviction religieuse dans de pauvres âmes ébranlées.

X., *prêtre-chanoine*.

**7.**

Couvent de N.-D. de la Merci,
Trim C° Meath (Irlande), 23 janvier 1911.

Je tiens à vous remercier, ma Révérende Mère, du plus profond du cœur pour la merveilleuse grâce que nous ont obtenue vos ferventes prières à S' Thérèse.

La chère sœur malade que je vous recommandais, il y a un mois, atteinte d'un cancer et déclarée incurable par trois médecins, était perdue. Je demandai à votre petite sœur soit qu'elle guérisse, soit qu'elle meure doucement, car le docteur X..., éminent médecin, avait déclaré qu'elle souffrirait d'une manière atroce.

Ce n'était pas la volonté du bon Dieu que notre chère sœur guérisse, elle ne le désirait pas non plus ; mais, ô merveille, la maladie suivit son cours sans lui apporter de souffrances ; pourtant sa chair tombait en lambeaux, et laissait ses os à nu.

Je le répète, elle mourut sans souffrir de son horrible mal ; elle était au contraire remplie de sainte joie, de désir du Ciel. Cette joie dura jusqu'au dernier moment, elle répétait souvent qu'elle avait un avant-goût du Ciel et s'avouait incapable d'exprimer le fleuve de paix divine qui inondait son âme. Elle ne manqua pas un seul jour de recevoir la Sainte Communion, ce que nous regardons — vu son état — comme une seconde et extraordinaire faveur de votre Ange, qu'elle-même ne cessait d'invoquer.

S' X., *supérieure*.

## 8.

Voici un nouveau fait qui s'est passé à Gallipoli, le 16 janvier 1911, à l'anniversaire de la première apparition de S' Thérèse.

Mgr de Teil rapporte ainsi comment fut amené le miracle :

« Mgr Nicolas Giannattasio, évêque de Nardo, près de Gallipoli, a beaucoup étudié la Vie de S' Thérèse de l'Enfant-Jésus et son intervention du 16 janvier 1910, dans ce Carmel du midi de l'Italie. Pour lui, la réponse de l'apparition : « Ma voie est sûre », — afin de tranquilliser la Mère Carmela préoccupée qu'elle ne s'égarât pas en se retirant — devait se prendre surtout au sens spirituel [1] de la voie de confiance et d'abandon à Dieu, si recommandée par la Servante de Dieu [2]. Il avait toujours regretté que cette interprétation n'eût pas été dégagée et mise en évidence dans l'enquête canonique : ces paroles ainsi entendues indiqueraient un des buts principaux de cette manifestation merveilleuse et des interventions répétées qui la suivirent, en faveur du même monastère.

Sous l'empire de cette idée, et pour se concilier davantage, ainsi qu'à son diocèse, la protection de la pieuse carmélite de Lisieux, il résolut de célébrer l'anniversaire du 16 janvier 1910 [3]. »

Mgr Giannattasio venait de recevoir une offrande dont il pouvait disposer à son gré.

Il prit un billet de 500 lires et le plaça dans une enveloppe avec sa carte de visite sur laquelle il avait écrit : « Ma voie est sûre, je ne me suis pas trompée. » Cette enveloppe restée ouverte fut enfermée dans une autre plus grande, de fort papier anglais doublé à l'intérieur. Mgr Giannattasio, après l'avoir soigneusement collée, y apposa un cachet

---

[1] Le mot « voie », « suivre une voie », dit Mgr Giannattasio, s'emploie en italien au sens figuré et non au sens propre ; il ne s'agissait pas certainement dans la réponse de la Servante de Dieu, de la facilité avec laquelle elle saurait trouver une issue pour sortir du monastère.

[2] S' Thérèse avait dit avant de mourir à ses novices : « Croyez à tout ce que je vous ai dit sur la confiance qu'on doit avoir en Dieu et à la manière que je vous ai enseignée d'aller à Lui uniquement par l'abandon et l'amour. Je reviendrai vous dire si je me suis trompée et si ma voie est sûre. Jusque-là, suivez-la fidèlement. »

[3] « Articles pour la Cause de la Béatification, etc. »

de cire à ses armes. Il la fit remettre ensuite à la R^de Mère Carmela avec la recommandation écrite et orale de déposer ladite enveloppe dans la fameuse cassette où S^r Thérèse avait mis ses 500 lires, de l'y laisser jusqu'au 16 janvier et de l'ouvrir ce jour-là.

Cela se passait dans les derniers jours de décembre.

Avant le 16 janvier, la R^de Mère Prieure ayant eu l'occasion d'ouvrir la cassette crut s'apercevoir que l'enveloppe avait un peu gonflé ; sachant les prières que ses filles adressaient à S^r Thérèse pour en obtenir un secours d'argent, bien utile à la décoration de leur pauvre chapelle, elle pressentit un nouveau miracle et, quand le 16 arriva, elle se garda bien d'ouvrir seule l'enveloppe.

Monseigneur de Nardo se trouvait au Carmel pour célébrer le touchant anniversaire en commençant, ce jour-là, à prêcher les Exercices de la retraite à la communauté.

La R^de Mère Carmela se rendit donc au parloir avec l'enveloppe cachetée. Monseigneur de Nardo la pria de l'ouvrir, il la regardait faire à travers la grille. Lorsqu'elle eut déchiré le bord supérieur, elle la lui passa et ce fut lui qui en retira le contenu.

Quelle ne fut pas sa surprise en constatant qu'au billet de 500 lires se trouvaient joints quatre nouveaux billets de banque : deux de 100 lires et deux de 50, ce qui faisait un total de 300 lires. En les examinant, Mgr Giannattasio s'aperçut que l'un d'eux exhalait un parfum de roses.

Alors Sa Grandeur expliqua à la R^de Mère Carmela ce qu'il avait fait et le miracle qu'il constatait à ce moment.

Elle exprima sa conviction que, sans doute, c'était une réponse de S^r Thérèse à la prière de ses filles.

« Mgr Giannattasio lui dit qu'il voyait dans cette intervention extraordinaire, une seconde cause d'une plus haute portée : la Servante de Dieu lui paraissant vouloir confirmer par ce prodige le sens spirituel de la parole : « Ma voie est sûre... »

« Cette nouvelle manifestation de la protection de la Servante de Dieu, dans les circonstances données, ne pouvait point passer inaperçue [1].

« Une enquête aussi sévère que possible a été conduite par Mgr Muller, évêque de Gallipoli. Après avoir étudié les faits et la qualité éminente des témoins qui s'oppose à toute pensée de fraude, il constate avec reconnaissance, depuis une année, la protection de S^r Thérèse de l'Enfant-Jésus. Elle a procuré au Carmel de Gallipoli, placé sous la clôture papale, des ressources importantes dont on ignore la provenance ; elle l'a ainsi tiré de la détresse et de la misère où il était réduit ; enfin, au témoignage des meilleurs juges, elle a porté toutes les religieuses vers une perfection plus grande et fait fleurir parmi elles la plus exacte observance. Ce sont des faits indéniables [2]. »

---

[1] Mgr Giannattasio est venu à Lisieux pour témoigner au Procès de Béatification en faveur de la « voie sûre » et au sujet de ce miracle.
[2] « Articles, etc. », par Mgr de Teil.

### 9.

Les Serviteurs de Dieu qui participent à sa Toute-Puissance et peuvent sans efforts remettre en cours les billets de banque et les pièces de monnaie anéantis ou perdus dans les naufrages, incendies, tremblements de terre et divers accidents, peuvent aussi les prendre quelquefois dans la bourse de complaisants amis.

Dans le courant d'octobre 1911, un saint évêque étranger, très dévot à S<sup>t</sup> Thérèse de l'Enfant-Jésus, désirait faire don à sa Cause d'une certaine somme en billets français. Comme il tardait à exécuter son projet, l'argent disparut. Mgr X..., après d'infructueuses recherches, pensa : « Sœur Thérèse me punit de ma négligence : elle est venue elle-même chercher ce que j'aurais dû lui envoyer plus tôt... Mais, ajouta-t-il, il me reste encore un napoléon de 20 francs ; voyons si ma céleste sœur viendra aussi me le prendre. » Il mit la pièce en lieu sûr... et quelques jours plus tard elle disparaissait à son tour !

Il est une dame, fort riche et charitable plus encore, qui a prié S<sup>t</sup> Thérèse de puiser à son gré dans sa bourse où elle-même met l'argent sans compter.

Le lecteur trouvera ci-après deux exemples touchants des secours pécuniaires apportés, d'une manière humainement inexplicable, à certains privilégiés de la Servante de Dieu.

I

X. (Seine), 15 novembre 1911.

Une pauvre femme à qui je m'intéresse et que j'aime beaucoup se trouvait dans de grandes difficultés matérielles. Elle m'écrit désespérée que, pour la fin de la semaine, il lui fallait absolument 60 fr. et que personne ne voulait les lui prêter, malgré ses demandes suppliantes. En dépit de mon extrême désir de lui venir en aide, ni ma mère, ni moi ne pouvions la secourir. Que faire ? Je me tourne avec une foi ardente vers S<sup>t</sup> Thérèse de l'Enfant-Jésus et je lui dis : « O chère consolatrice des malheureux ! ayez pitié de cette infortune, envoyez-moi, je vous en conjure, cette somme de 60 fr. ; ce sera pour tous ceux qui vous prient une nouvelle preuve de votre puissante intercession auprès de Dieu. »

Je place ce même jour dans ma chambre une photographie de la Servante de Dieu en lui réitérant ma demande. Je descends un moment, puis je remonte dans ma chambre chercher sur mon petit bureau un livre pour aller faire ma visite au Saint Sacrement.

O ma Mère ! que vois-je ?... S<sup>t</sup> Thérèse était descendue !... Entre son image et celle de Notre-Dame du Perpétuel Secours qui se trouvait auprès de la sienne, j'aperçois trois pièces de 20 fr. !...

Vous devinez, ma Révérende Mère, mon émotion et ma profonde reconnaissance. J'avoue que j'ai été plus touchée de ce prodige que s'il avait été accompli pour moi. Il me fait comprendre combien le bon Dieu aime à nous voir secourir notre prochain, au moins par nos prières, quand nous n'avons pas d'autre moyen de l'assister.

X.

Suivent la signature du vicaire de l'endroit et le cachet de la paroisse.

## II

Dublin (Irlande), 12 janvier 1912.

MA RÉVÉRENDE MÈRE,

L'intéressante et surprenante circonstance que je vais vous raconter me servira d'excuse pour la liberté que je prends de vous écrire,
En novembre dernier je me trouvai dans un grand embarras. Mon petit garçon fut admis à la Première Communion et je n'avais pas d'argent pour lui payer des habits neufs. Nous n'avions dans la maison qu'une demi-couronne (2 fr. 50), dont l'emploi était prévu pour une autre chose nécessaire.

Peu de temps auparavant, j'avais entendu parler pour la première fois de la « Petite Fleur de Jésus » et des nombreux miracles qu'elle opère. Celui de l'argent trouvé dans une boîte fermée à clef m'avait frappée et surprise, et, dans le cas présent, je désirais que la « Petite Fleur » le renouvelât pour moi. Cette pensée me poursuivait ; je l'exprimai à mon mari, me disant intérieurement : « Un souverain (25 fr.) suffirait. » Quoi qu'il en soit, pendant tous ces jours, j'étais obsédée par la plus vive impression que la « Petite Fleur » était près de moi, et je m'attendais presque à la rencontrer, surtout le soir. Je fis même part de cette impression à mon mari et à ma fille.

Le 22 novembre, au soir, premier jour de la retraite à la fin de laquelle devait avoir lieu la Première Communion, j'allai à notre secrétaire pour y prendre la demi-couronne. Le secrétaire était fermé à clef et j'avais cette clef dans ma poche. J'ouvris et, au lieu de prendre directement la pièce, j'eus l'idée de tâter à côté... mes doigts rencontrèrent une autre pièce et *je retirai un souverain !...*

Mon étonnement fut si grand que je ne pouvais me rendre à l'évidence et j'apportai la pièce à mon mari et à mon père — qui arrivait en ce moment — pour leur demander si mes yeux ne me trompaient pas.

Ce fait est pour nous humainement incompréhensible. La seule explication qu'on en pourrait donner serait que mon mari ou moi ayons mis de côté cette pièce et que nous l'ayons ensuite oubliée ; mais ce raisonnement est inadmissible, étant donné notre pauvreté qui ne nous permet pas de mettre en réserve ou d'égarer une pareille somme sans nous en apercevoir.
M<sup>me</sup> X.

J'affirme être certain de n'avoir pas déposé le souverain en question dans notre secrétaire.
M. X.

J'ai le plaisir de connaître M. et M<sup>me</sup> X. depuis un bon nombre d'années. Tous deux sont de fervents catholiques et, dans une chose de l'importance de celle qui est rapportée plus haut, leur témoignage peut être considéré comme absolument sérieux.
Révérend X.,<br>*Vicaire de l'église de X.*

Dublin (Irlande).

## 10.

Carmel d'A (France).

Le 20 juillet 1910, écrivant à une sainte religieuse exilée en Belgique, j'avais, comme je le fais habituellement dans toutes mes lettres, parlé des prodiges opérés dans le monde entier par notre chère petite Sœur de Lisieux. Je citais le miracle des 500 fr. de Gallipoli qui devait faire sensation. Mais, ayant oublié le nom de la ville d'Italie où cela s'était passé, je laissai en blanc cet endroit.

Le soir, après Complies, voulant achever ma lettre, je m'aperçus que, contrairement à mon intention, j'avais oublié de demander à la récréation, à l'une ou l'autre de nos sœurs, ce nom de Gallipoli dont je n'avais pu me souvenir dans la journée. Alors, recourant à ma petite Thérèse, je la priai de me le remémorer, et lui dis : « Ma petite Thérèse, rappelez-moi donc ce nom que je ne puis retrouver ! » Immédiatement, j'entendis résonner à mon oreille une voix douce comme celle d'un ange, et je compris parfaitement ce mot « Gallipoli »... « Oh ! m'exclamai-je tout bas, Thérèse qui est ici ! » En même temps, je la sentais près de moi. « Oui, répondit-elle... Vous avez bien raison d'agir ainsi, il faut me faire connaître partout... Je désire faire tant de bien ! » Je répliquai avec ma familiarité ordinaire : « O ma petite Thérèse, que vous avez changé depuis que vous êtes au Ciel ; sur la terre, vous ne vouliez qu'oubli et mépris ! » Elle me donna alors une lumière intérieure qui me fit comprendre que plus on s'abaisse, plus Dieu vous élève.

Je parlai encore à ma céleste visiteuse que je ne voyais pas, mais dont je sentais la présence. Après son départ, je restai l'âme inondée d'une joie qui n'était pas de la terre et le cœur débordant de reconnaissance pour la grâce que je venais de recevoir et qui me laisse un ineffaçable souvenir.

S' X.

## 11.

S' Thérèse de l'Enfant-Jésus aimait à répéter qu'une de ses intentions, en entrant au Carmel, avait été d'intercéder pour les prêtres ; elle s'efforçait de les aider dans leurs œuvres par ses prières et ses sacrifices ; et, depuis sa mort, elle ne cesse de leur témoigner un pieux intérêt. En voici une preuve dans son intervention du 16 janvier 1911, auprès du chanoine Rossignol, prêtre octogénaire, retiré à Saint-Martin-de-Beaupréau, diocèse d'Angers, dans une maison de retraite du clergé.

Pendant vingt-six ans, il avait occupé, avec une compétence très marquée, les chaires de dogme et de morale au grand séminaire de Luçon, et, après une vie d'œuvres et de zèle sacerdotal, il jouissait de toute la lucidité et de la force de son intelligence.

Malgré les rigueurs effrayantes exercées sur son faible corps, malgré ses prières et ses oraisons qui étaient sa seule occupation durant le jour et une grande partie de la nuit, il tremblait à la pensée des jugements de Dieu et il appréhendait ses derniers moments. Ces terreurs avaient hanté sa vie : ses directeurs de conscience l'ont révélé après sa mort ; pour lui, il les dissimulait à son entourage, et il était un sujet d'édification constante. Il avait une grande dévotion envers Sʳ Thérèse de l'Enfant Jésus qui a tant insisté sur la voie de confiance et d'abandon, et qui aimait à dire : « J'espère autant de la justice du bon Dieu que de sa miséricorde ; c'est parce qu'il est juste, qu'il est compatissant et rempli de douceur, lent à punir et abondant en miséricorde, car il connaît notre fragilité, il se souvient que nous ne sommes que poussière. Comme un père a de la tendresse pour ses enfants, ainsi le Seigneur a compassion de nous. »

Sʳ Thérèse ne voulut point abandonner ce pieux vieillard dans ses derniers jours. Le 16 janvier 1911, elle lui apparut, comme il en a fait la confidence, quelques heures après, à l'un des prêtres âgés qui avait sa confiance et habitait dans la même maison de retraite, M. l'abbé Frappereau, dont voici le récit :

« C'était au matin du 16 janvier, après le petit déjeuner, nous remontions à nos chambres. Je lui demande comment avait été la nuit, si mauvaise pour lui, depuis si longtemps : — « Merci, me dit-il, la nuit a été bonne, vu mon état habituel ; mais ce qui a été bon surtout, et très bon, c'est mon réveil et mon lever de ce matin, *j'ai vu la petite Sʳ Thérèse !* C'était bien elle, je l'ai bien vue et reconnue telle que nous la donnent ses photographies. Elle se tenait au chevet de mon lit, me regardait en souriant, et me fit comprendre, par ses signes et l'expression de tout son visage, qu'elle venait me dire : « Je m'occupe de votre affaire... cela va venir... comptez-y ! ! ! » Il me quitta, l'air tout heureux, en me recommandant de ne parler à personne de sa vision. La mort, arrivée le surlendemain, me permet de dire aujourd'hui ce qu'il voulait cacher, je n'en doute nullement, par esprit d'humilité. »

Dans la même matinée, le chanoine Rossignol alla se confesser à la Trappe de Bellefontaine, au R. P. Arsène, et lui fit la même confidence ; au témoignage de ce religieux, « sa crainte habituelle de la divine Justice avait disparu et un air de confiance insolite rayonnait à travers sa douce joie ».

Le surlendemain, 18 janvier, en présence de M. l'abbé Frappereau, son premier confident, il fut saisi de douleurs au cœur d'une violence telle qu'elles faisaient présager une fin imminente. Comme on l'exhortait à les offrir à Notre-Seigneur qui voulait peut-être le rappeler à Lui, il interrompit la phrase et, se soulevant sur son fauteuil, la figure transfigurée, il offrit avec enthousiasme le sacrifice de sa vie et mourut quelques heures après.

Les prêtres de son entourage, mis au courant de ce qui s'était passé, ne doutèrent pas de la réalité de l'apparition de Sʳ Thérèse.

(Extrait du livre « Articles, etc. », par Mgr de Teil.)

## 12.

Versailles, 17 février 1911.

Au verso d'une image, je lis cette phrase que vous connaissez bien, ma Révérende Mère : « Je veux passer mon Ciel à faire du bien sur la terre. » Voilà ce que Sʳ Thérèse a écrit : elle tient sa promesse.

Sauver des âmes, les arracher au vice, au désespoir, voilà son but ; je l'ai compris. Cette parole, elle l'a tenue pour guérir mon âme et celle d'un ami.

Bien jeune encore, j'ai cependant déjà souffert du mal qui ronge le monde. Vaincu par Satan, je n'osais en parler à mon directeur, et je restai dans cet état lamentable durant deux mois et demi. S¹ Thérèse vient de m'en faire sortir.

Un de mes camarades vivait ainsi que moi depuis un an et demi ; et un jour, poussés par je ne sais quoi, nous nous sommes confié ce secret ; et, la grâce agissant, nous nous confessions le lendemain.

Voilà la double grâce que S¹ Thérèse de l'Enfant Jésus m'a accordée. J'affirme que c'est à elle que je la dois, car c'est elle que j'ai priée, c'est vers elle que je me suis dirigé, c'est à elle que j'ai confié mon découragement et mon désespoir. Aussi aujourd'hui j'accomplis ma promesse de faire publier cette faveur ; ajoutez-la à toutes celles déjà nombreuses qui vous sont parvenues, et que l'Eglise mette bientôt cette petite sainte sur les autels pour que son nom se répande !  X.

---

### 13.

Dumberton (Ecosse), 28 février 1911.

Je soussigné certifie qu'il y a à peu près trois ans, ma fille Hilda May était mourante d'une pneumonie. L'agonie avait commencé et nous, ses parents désolés, attendions son dernier soupir. Madame R. et sa fille vinrent voir l'enfant. Mademoiselle R. s'approcha d'elle, l'observant avec attention. Sans doute elle priait intérieurement. Puis elle tira un objet qu'elle plaça sur la petite mourante. (On me dit dans la suite que cette chose était un morceau des vêtements portés par S¹ Thérèse de l'Enfant-Jésus.) Je puis affirmer en conscience qu'à partir de ce moment les étreintes de la mort disparurent et l'enfant s'endormit paisiblement. Tout danger s'était évanoui !

Je dois ajouter que je n'appartiens pas à l'Eglise catholique romaine et que je ne croyais nullement au pouvoir *guérissant* des saints. Je suis maintenant convaincu !  JOHN GLOVER.

---

### 14.

X., 6 mars 1911.

Permettez-moi, ma R⁴ᵉ Mère, de porter à votre connaissance une conversion quasi-miraculeuse due à votre chère petite S¹ Thérèse de l'Enfant-Jésus.

J'avais pour paroissien un alcoolique invétéré, homme fort débauché. Il ne visait qu'à servir à chacun quelque propos blessant ; nature brute et épaissie par ses excès, il était détesté de tous, même de son fils.

Il fut frappé de congestion cérébrale compliquée de paralysie partielle. La garde-malade vint me chercher, et quand je parlai à ce pauvre homme de retour à Dieu, il mit son bras replié entre nous, s'écriant deux fois avec effort : « Laissez-moi tranquille ! » J'y retournai le lendemain, et, interrogé si je pouvais monter, il répondit brutalement et avec mépris une parole grossière. J'allai près de lui ; il me dit alors quelques mots inintelligibles. L'entourage était consterné.

Je parlai de lui à l'une de mes bonnes paroissiennes, M<sup>lle</sup> B., qui me promit de beaucoup prier S<sup>te</sup> Thérèse pour ce malheureux. Moi-même, je m'unis à ses prières.

Le malade avait perdu connaissance et resta plusieurs jours dans un état comateux. Le dimanche 5 février, il s'éveilla au matin et dit qu'il fallait venir me chercher. On lui répondit que j'étais très occupé et que je viendrais l'après-midi. A une heure, il insista fortement pour qu'on m'appelle aussitôt. Je m'y rendis, assez peu rassuré d'ailleurs. Il était absolument transformé ; l'entourage criait au miracle. Il se confessa sans la moindre difficulté et avec un soin manifeste. Quand je lui proposai l'Extrême-Onction, il accepta aussitôt, me disant qu'il n'en avait pas peur. Il suivit les cérémonies, présenta lui-même ses mains et ses pieds. Je le quittai pour aller dire Vêpres, et, pendant ce temps-là, après avoir tenté de se lever, il expira.

M<sup>lle</sup> B. et moi, ainsi que ceux qui entouraient le malade, sommes restés sous une impression très douce, persuadés de l'intervention de S<sup>te</sup> Thérèse.

Abbé X., *curé*.

### 15.

Besançon (Doubs), 26 mars 1911.

Il y a dix ans que, pour la première fois, j'eus le bonheur de lire la vie de votre angélique S<sup>te</sup> Thérèse de l'Enfant-Jésus. Je souffrais alors de toutes sortes de peines intérieures et de violentes tentations de désespoir qui dataient depuis l'âge de onze ans, c'est-à-dire depuis trois mois avant ma Première Communion faite en 1884. A ce moment, une personne, qui se disait inspirée de Dieu, était venue me dire un matin, avant ma confession, que j'avais beau faire, que j'étais destinée inévitablement à l'enfer. Extrêmement timide, je n'osai confier à personne ce qui venait alors de m'être dit, et je le crus vrai, au moins assez pour perdre toute la simplicité de ma confiance envers Dieu. Un voile très épais fut dès lors jeté sur mon âme ; je ne considérai plus le bon Dieu que comme un juge inflexible toujours prêt à frapper et à punir. Le Sacrement de Pénitence était devenu pour moi une torture ; j'avais beau multiplier mes confessions générales en tâchant de les faire de mon mieux, rien ne pouvait donner la paix à mon âme. Toutes les grâces nombreuses reçues pendant les années de mon adolescence et jusqu'à vingt ans me paraissaient des illusions ; toujours la triste pensée de ma damnation me revenait à l'esprit et faisait de ma vie un supplice. Or, comme je vous le disais en commençant, ma Révérende Mère, il y a dix ans, en 1901, je lus la Vie de votre ange.

Je l'invoquai de toute mon âme et avec confiance. Peu à peu et comme par enchantement, mes dispositions changèrent ; la crainte extrême dans laquelle j'avais vécu jusqu'alors fit place à la confiance filiale et à l'amour.

Ma douce « Petite Reine » avait vraiment opéré un miracle en ma faveur. Oui, je dois le dire et je le dis avec bonheur, S<sup>te</sup> Thérèse m'a donné sa petite voie de confiance, d'amour et surtout de total abandon ; elle m'y a instruite d'une façon étonnante. J'ai beaucoup lu et étudié de

Vies de Saints et d'ouvrages ascétiques, aucun ouvrage ne m'a éclairée et fortifiée comme la Vie de S' Thérèse. Elle est depuis des années l'ange de ma vie intérieure ; je vis continuellement avec elle dans une douce intimité, et pas un jour ne se passe sans que je ressente les effets de sa bienveillante protection.

S' X.

## 16.

Bois-Guillaume (Seine-Inférieure), 27 mars 1911.

Permettez-moi, ma Mère, de chanter avec vous le Magnificat de la reconnaissance envers votre cher Ange.

Il y a trois mois, j'étais prise d'un mal de jambe tel que je ne pouvais plus marcher. Le médecin craignait une tumeur blanche. Plusieurs fois, il me fit des pointes de feu sans que j'en ressentisse aucun soulagement. A la dernière consultation, il m'en fit 120. Mes amies me suggérèrent la pensée de demander ma guérison à la chère petite sainte, et nous commençâmes une neuvaine. Le troisième jour, j'appliquai sur l'endroit malade une petite relique ; je passai la nuit en prières et me sentis remplie de consolation ; une douce odeur de violettes embauma ma chambre, et le lendemain matin, ô joie ! ô merveille ! toute cicatrice occasionnée par les pointes de feu était disparue... la peau était aussi nette que s'il n'y avait jamais rien eu, je ne ressentais plus aucun mal.

Voilà un mois qu'a eu lieu cette guérison extraordinaire.

Mon cœur déborde de joie et de gratitude. J'irai le Jeudi Saint en pèlerinage sur la tombe de ma chère petite S' Thérèse.

M<sup>lle</sup> X.

## 17.

Hôtel-Dieu de X. (France), 28 mars 1911.

J'attribue à l'intercession de S' Thérèse de l'Enfant-Jésus les guérisons obtenues par deux de nos sœurs dans les circonstances suivantes :

Le samedi, 1<sup>er</sup> octobre 1910, l'une d'elles ressentit en se levant une petite douleur à un doigt de la main droite, douleur qui se répercutait sous le bras, ce qui ne l'empêcha pas, cependant, de travailler jusqu'à 10 heures. Mais à ce moment, elle fut prise de frissons qui durèrent trois longues heures. A midi, je l'obligeai à se mettre au lit et fis immédiatement appeler le docteur qui constata une affection purulente occasionnée par une piqûre d'insecte venimeux. La fièvre était à plus de 40°, et je crois qu'elle augmenta encore les heures suivantes. Cependant nous commençâmes à prier S' Thérèse pour sa guérison. La nuit se passa dans des douleurs atroces ; la pauvre malade ne pouvait pas même soulever sa tête sur son oreiller. Vers 4 h. du matin, elle sentit que la fièvre baissait, et le mieux s'accentua de telle sorte que le docteur, lorsqu'il revint, déclara que tout danger avait disparu.

Voici ce qu'il dit, devant la malade, à l'un de ses confrères : « Cette petite Sœur a été prise hier soir de frissons formidables avec lymphangite et infiltration du pus d'une manière effrayante, la fièvre à plus de 40°, et aujourd'hui plus rien, c'est extraordinaire. »

Une fois de plus, la Petite Fleur de l'Enfant-Jésus avait laissé tomber un de ses pétales de rose !

Les maux d'estomac dont cette chère Sœur souffrait depuis plusieurs années et qui ne lui permettaient pas de s'alimenter ont disparu en même temps.

### 18.

L'autre religieuse fut prise subitement d'une telle faiblesse qu'il lui était impossible de rester debout. Avec cela elle ressentait des douleurs aiguës dans le côté du ventre, et la digestion était extrêmement difficile. Après plusieurs jours de repos, aucune amélioration ne s'était produite, et elle perdait l'espoir de guérir.

Le docteur consulté déclara un fibrome ou un kyste, et parla d'opération.

Désolée, la chère Sœur s'adressa à la « petite Reine » en faisant une neuvaine, et, le cinquième jour, elle se sentit subitement guérie. C'était le 2 novembre 1910, vers 2 heures de l'après-midi. Depuis ce temps elle n'a plus rien éprouvé de ce qui l'avait si fort tourmentée.

S$^r$ X., *supérieure.*

### 19.

Nardô (Italie), 28 mars 1911.

Le 1$^{er}$ janvier 1911, je fus frappée d'un mal très grave qui, de l'œil droit, se propagea sur toute la joue et le visage, et qui fut défini par les médecins : « érésipèle phlegmonneux ».

Le mal fut si violent que, le 3, j'étais déclarée en très grand péril de mort, et les derniers sacrements me furent administrés.

Ma sœur qui a une dévotion enthousiaste envers S$^r$ Thérèse de l'Enfant-Jésus se sentit pressée intérieurement de l'invoquer, et m'engagea à m'unir à elle. Elle me donna en pleurant l'image de la petite sainte, et, pleine de confiance, je me tournai vers elle, lui demandant ma guérison et lui promettant une offrande pour sa Cause.

L'enflure était devenue monstrueuse, la décomposition commençait dans la bouche, et les médecins ne cessaient de m'injecter de l'eau phéniquée et de me brûler la joue avec le thermocautère pour arrêter le mal, enrayer sa propagation dans le larynx, car la menace d'asphyxie allait grandissant.

La nuit suivante, c'est-à-dire du 3 au 4 janvier, j'étais si mal qu'on s'attendait à me voir rendre le dernier soupir ; plusieurs prêtres venaient alternativement me préparer à la mort. Le médecin s'apprêtait à me faire la trachéotomie pour empêcher que je n'étouffe.

Tout à coup, je sentis passer sur ma joue droite, à travers le pansement, une douce main qui me caressait, et, bien que mes yeux, par suite de l'enflure et de mon état si grave, fussent complètement fermés, je vis mentalement cette main petite et blanche...

Sans ouvrir les yeux je demandai qui m'avait touchée ; on me répondit que personne ne s'était approché de mon lit, le mal étant excessivement contagieux. Aussitôt je compris que le miracle demandé était obtenu et que c'était S$^r$ Thérèse qui m'avait caressée.

A partir de ce moment je me sentis soulagée et ma guérison commença, bien que le mal fût regardé comme incurable et ma mort comme certaine !

Aujourd'hui j'accomplis ma promesse en envoyant une petite offrande à laquelle je joins en ex-voto le vêtement que l'on avait fait faire pour m'ensevelir.

SANTA APRILE.

Suivent les signatures des deux sœurs, du frère de la malade et de l'un des prêtres qui l'assistaient.

Pour garantie de la vérité des faits et de l'authenticité des signatures :

✝ NICOLAS GIANNATTASIO,
*Evêque de Nardô.*

Suit également l'attestation médicale qui certifie la gravité du mal et son arrêt « merveilleusement rapide ».

## 20.

X. (France), 5 avril 1911.

MA RÉVÉRENDE MÈRE,

C'est la reconnaissance qui m'amène à vous aujourd'hui pour donner un nouveau témoignage à la sainteté et au crédit de votre angélique Sœur.

Veuillez lire d'abord, ma R<sup>de</sup> Mère, le certificat ci-joint de notre docteur.

### Certificat du docteur.

3 avril 1911.

M.*** a été atteinte, en 1909, de douleurs dans la région lombaire qui ont duré trois mois et qui n'ont pas complètement disparu, jusqu'à une rechute qui a eu lieu à la fin de décembre 1910.

Les douleurs, qui avaient résisté à tous les traitements et qui obligeaient la malade à garder le lit, ont subitement disparu, le 29 mars, à 3 heures du soir, à l'issue d'une neuvaine faite par tout le personnel de l'établissement, sous l'invocation de S<sup>te</sup> Thérèse de l'Enfant-Jésus.

D<sup>r</sup> X.

Il est vrai que le docteur avait essayé, sans pouvoir amener aucun soulagement : frictions, injections, électricité, nombreuses pointes de feu. Constamment couchée sur le dos, si la pauvre enfant essayait de se tenir un instant debout, c'était avec des souffrances intolérables ; il lui était aussi impossible de se baisser que de se redresser. Le médecin craignait la carie de l'os et peut-être le mal de Pott ; toutes les articulations de la colonne vertébrale étaient malades, mais principalement dans le bas, où le moindre attouchement la faisait tressaillir.

Au cours de la neuvaine que mentionne notre docteur, toute la maison, en effet, priait avec une grande ferveur et confiance.

Or, le soir du dernier jour, 29 mars, à trois heures de l'après-midi, tandis que nous priions à la chapelle, après le salut du Très Saint Sacrement, la jeune infirme, restée seule dans sa chambre, crut entendre comme un bruit de chapelet dans la pièce voisine.

Instinctivement, elle se lève pour aller voir. Quelle surprise et quelle joie ! Elle peut marcher sans difficulté, se tenant parfaitement droite et ne ressentant plus aucune douleur ! Elle descend rapidement l'escalier et se jette dans nos bras : « Je suis guérie ! Je suis guérie ! » s'écrie-t-elle.

Bientôt tout l'orphelinat connaît le prodige, et les compagnes de M..., aussi heureuses qu'elle, entonnent le Magnificat dans une indicible émotion.
S$^r$ X., Supérieure.

Une lettre datée du 9 mars 1912 atteste que la guérison s'est maintenue jusqu'à ce jour et que « toute la maison reste convaincue du miracle ».

### 21.

X. (France), 12 avril 1911.

Atteinte de fièvre puerpérale et d'une double phlébite, j'étais condamnée par les médecins et ma mort attendue d'un moment à l'autre lorsque, le 10 février dernier, vers 5 h. du soir, je portai mes regards vers le portrait de S$^r$ Thérèse de l'Enfant-Jésus placé sur ma cheminée. Soudain je vis l'image s'illuminer et je restai comme en extase, les yeux fixés sur elle et ne ressentant plus aucune souffrance.

Ce prodige prit fin au bout d'une heure environ ; à partir de ce moment mon entourage constata avec surprise que mon état s'améliorait, et le danger disparut.
X.

### 22.

Mayenne (Mayenne), 24 avril 1911.

Depuis 1905 je souffrais beaucoup, sans en savoir la cause, éprouvant une répugnance extrême à recourir à la science médicale. En oct. 1909, mes forces diminuèrent au point qu'il me devenait impossible de remplir mon emploi. Je me décidai alors à consulter un médecin en renom ; il me déclara que j'avais un fibrome avec hémorragies, et qu'une opération était urgente. Ne pouvant m'y résoudre, je m'adressai à un autre docteur qui confirma ce que son confrère avait dit.

Ma faiblesse était extrême; les souffrances que j'endurais étaient telles que la mort m'eût semblé préférable à la vie. Mes amies priaient avec ferveur à mon intention; je fis plusieurs neuvaines au Sacré-Cœur et à la sainte Vierge, mais aucune amélioration ne se manifesta dans mon état, au contraire.

Le 29 mars 1910, je me rendis à Pontmain pour supplier de nouveau la Vierge Immaculée de me guérir ou de m'obtenir de mourir, plutôt que de subir une opération.

Sur le point de partir, je rencontrai M$^{lle}$ X., institutrice libre, qui me parla de S$^t$ Thérèse de l'Enfant-Jésus. J'écrivis au Carmel de Lisieux pour demander une neuvaine le plus tôt possible, car le mal empirait.

On me répondit que la neuvaine commencerait le 17 avril. Pleine de confiance, je promis de m'y unir en faisant chaque jour la sainte communion.

Le 24 avril, j'eus beaucoup de peine à me rendre à l'église de Notre-Dame de Mayenne ; j'étais tellement faible que, sans un secours providentiel, il m'eût été impossible de faire un pas ; il m'a semblé qu'une main invisible m'aidait, au moment de la communion, pour aller à la sainte Table et revenir à ma place... j'étais comme hors de moi-même.

Après la Messe je me disposais à rentrer chez moi... surprise ! ! ! je ne souffrais plus !... Je descendis les marches de l'église sans aucune difficulté ; je gravis de même une rue très montante ; toute la journée je marchai et restai debout sans la moindre fatigue... j'étais *guérie !*

Je suis heureuse de signer la présente déclaration au jour anniversaire de ma guérison et d'affirmer que, depuis lors, je jouis d'une santé très robuste, meilleure même qu'auparavant. S*te* Thérèse m'a obtenu bien d'autres grâces et je m'efforce de tout mon pouvoir de la faire connaître autour de moi.

L.

Suit une attestation de M. le Curé de Mayenne avec le cachet de la paroisse et la signature de plusieurs témoins.

## 23.

Dabo (Lorraine), 29 avril 1911.

Je viens, ma Révérende Mère, vous raconter la guérison de ma vue, guérison que j'ai obtenue par l'intercession de votre chère petite S*te* Thérèse de l'Enfant-Jésus.

Depuis huit ans, je souffre d'une maladie de la gorge et du nez qui m'a rendue tout à fait sourde, et que les médecins ont déclarée incurable. De plus, au mois d'octobre 1910, je fus prise d'un mal d'yeux, qui alla toujours en augmentant ; le pus en sortait, et je ne voyais plus du tout. Les médecins étaient impuissants à me guérir.

Je fus ainsi, pendant trois mois, tout à fait aveugle ; puis, ma belle-sœur, religieuse chez les Sœurs de l'Espérance, à Nancy, m'ayant envoyé une relique de S*te* Thérèse, nous avons commencé une neuvaine avec grande confiance. En faisant la prière de la neuvaine, je tenais la précieuse relique sur mes yeux malades. Nous fîmes une seconde neuvaine pendant laquelle la souffrance se calma un peu. Pendant une troisième neuvaine, le matin du 3 janvier, j'assistais à la Messe en disant mon chapelet, puisque je ne pouvais pas lire ; tout à coup, je vis le prêtre à l'autel ! Ma vue était revenue, mes yeux tout à fait guéris, je voyais tout dans l'église ! Et depuis ce jour béni, je continue de bien voir...

Remplie de reconnaissance envers la miséricorde divine et pour l'intercession si puissante de S*te* Thérèse, je prie tous les jours pour hâter la Béatification de ma céleste bienfaitrice.

C. D.

## 24.

Autun (Saône-et-Loire), avril 1911.

M. Louis D. était atteint d'une pneumonie et réduit à toute extrémité. Le docteur avait perdu tout espoir de guérison et l'on n'attendait plus que le dénouement fatal.

La religieuse qui le soignait mit alors sur lui une relique de S' Thérèse et lui donna une image. Il les accepta avec une vive gratitude et une grande confiance.

Quelques instants plus tard, il sentit une douceur merveilleuse qui lui donnait une impression extraordinaire de bien-être. Alors, il ouvrit les yeux et aperçut une vive lumière qui remplissait la chambre. Au même moment, il se fit un bruit comme une porte qui se ferme, puis la lumière disparut.

Sa femme, qui était dans une chambre voisine, entendant le bruit, accourut pour se rendre compte de ce qui se passait, mais elle ne vit rien.

A partir de ce moment, le malade a été de mieux en mieux, et lorsque le docteur revint, il fut tout surpris de le trouver guéri.

J'ai vu ce bon père de famille depuis sa guérison.

Il est toujours ému lorsqu'il raconte cette faveur, et il dit ressentir encore cette paix, cette douceur que la chère petite S' Thérèse lui a laissées en le guérissant. X.

## 25.

X. (Seine-Inférieure), 3 mai 1911.

Ma fille Yvonne a été prise, le 16 février, au pensionnat de X., d'une maladie terrible qui, en une heure, l'a mise dans un état mortel. Les deux médecins qui la soignaient pronostiquaient une méningite et n'avaient aucun espoir de la sauver.

Prise à 1 h. de l'après-midi, à 6 h. du soir elle était considérée comme absolument perdue, et une ponction qu'on voulait tenter dans la colonne vertébrale n'avait même pu être faite, tant les muscles étaient tendus.

A ce moment où tout semblait désespéré, est arrivée une lettre de Mgr Lemonnier adressée à M<sup>me</sup> la Directrice. Sa Grandeur avait envoyé cette lettre sans savoir ma fille malade et y avait glissé un sachet contenant une relique de la petite S' Thérèse. Tout de suite, nous avons vu là une marque de la Providence, et M. l'Aumônier, après avoir administré notre petite fille, mit sur elle cette précieuse relique.

Le mieux ne se fit pas sentir de suite, et la nuit fut terrible. La pauvre enfant n'éprouvait un peu de soulagement à ses atroces souffrances qu'avec une piqûre de morphine. — En dix heures, elle en a eu quatre. — Grâce à cela, il vint un peu de calme pendant trois heures. Nous espérions alors un bon réveil ; mais, hélas ! quelle triste chose que ce réveil ! Notre Yvonne n'y voyait plus, sa respiration était encore plus haletante, et, par moments, le cœur cessait de battre. Le docteur avait la conviction absolue qu'avant midi la pauvre petite aurait cessé de vivre. Ses jambes avaient même le froid de la mort. C'était affreux !

C'est à ce moment que j'eus l'inspiration de poser la relique sur la tête de mon enfant en lui demandant d'invoquer la petite Sᵗᵉ Thérèse. Peu après, ma mère revenait de la Messe où elle avait communié pour notre petite malade. Elle entre dans la chambre. Quelle n'est pas sa surprise : la chère petite la reconnaît et lui dit qu'elle ne souffre plus du tout !

Les vomissements ayant cessé, notre Yvonne a reçu la sainte Communion comme un ange. Son action de grâces n'a été troublée par aucune douleur, et, après une bonne journée, les docteurs me déclaraient le soir qu'elle était guérie.

Nous devons bientôt la conduire en pèlerinage d'action de grâces sur la tombe de la chère petite Sᵗᵉ Thérèse de l'Enfant-Jésus.

X.

## 26.

W. Flandre Occidentale (Belgique), 7 mai 1911.

Le mercredi 11 janvier 1911, notre petite Germaine, âgée de cinq ans et demi, souffrait d'un dérangement d'estomac. Sur le conseil du pharmacien qui ne fournit aucune autre indication, on lui donna une poudre de calomel comme purgatif ; et, comme elle souffrait de la soif, on crut bien faire de lui donner en même temps de l'eau de citron.

Bientôt, l'enfant fut prise de violentes douleurs dans la région de l'estomac. Le docteur, appelé la nuit suivante, ne comprit tout d'abord rien à cet état violent ; mais après un examen complet de la petite malade et un interrogatoire sérieux, il en conclut qu'elle était bel et bien empoisonnée, car le citron, décomposant le calomel, en avait fait du sublimé. En effet, la bouche elle-même était affreusement brûlée, et bientôt l'enfant se trouva dans un état de prostration très grande. Ensuite, une péritonite localisée se déclara et se traduisit par d'affreux vomissements tout verts. Le docteur de Gand, appelé en consultation, ne put, hélas ! que confirmer le diagnostic de son confrère ; il eut la plus mauvaise impression de l'état de l'enfant, surtout à sa seconde visite du 16 janvier, et déclara à l'un des membres de la famille qu'elle était perdue.

Ce terrible accident, survenant après un deuil bien douloureux et inattendu, jeta toute la famille dans la plus poignante douleur. De tous côtés on pria beaucoup pour que le bon Dieu épargnât cette nouvelle épreuve et conservât la chère enfant à sa pauvre mère désespérée de cette fatale méprise.

Plusieurs amis engagèrent la famille à prier Sᵗᵉ Thérèse de l'Enfant-Jésus et à appliquer sur l'enfant une de ses reliques. On suspendit deux images à son chevet, l'une de la petite sainte en première communiante, l'autre en Carmélite, et souvent elle répétait en les regardant : « Petite Sœur Thérèse, guérissez-moi ! »

Nous fîmes une première neuvaine, et, le dernier jour, le docteur déclara que la péritonite était guérie. Mais la petite malade ne digérait plus aucun aliment et, s'affaiblissant de jour en jour, devint bientôt d'une maigreur effrayante. Nous fîmes une seconde neuvaine après laquelle se produisit une amélioration considérable. Enfin, au dernier jour d'une troisième neuvaine, notre petite Germaine manifesta le désir de manger un œuf qu'elle prit avec goût et digéra sans difficulté. Depuis lors, l'appétit revint, et elle fut bientôt complètement remise.

**27.**

La petite Ghislaine, sa sœur cadette, à son tour, fut atteinte d'une otite à l'oreille gauche. Le spécialiste de Gand, consulté à ce sujet, déclara que cette affection était grave et demandait à être soignée sérieusement, si l'on voulait éviter la mastoïdite et toutes ses conséquences.

Il engagea M$^{me}$ de Van P. à venir tous les deux jours à Gand pour le pansement de l'oreille et déclara que cela durerait bien trois semaines.

Le soir même, on mit au cou de Ghislaine la relique de la petite S$^{te}$ Thérèse qui avait servi à la guérison de Germaine. Dès le lendemain, toute suppuration cessa radicalement, à tel point que le docteur ne voulait pas croire tout d'abord que ce fût cette oreille-là qui avait été malade; le tympan était parfaitement guéri, et l'enfant avait repris sa bonne humeur habituelle.

Quand on interrogea le docteur sur la rapidité de cette guérison, il déclara qu'elle était vraiment extraordinaire.

Suivent les signatures des parents, des grands-parents, de l'aînée des enfants et de leur institutrice et l'attestation de M. le Curé de W., contresignée par ses deux vicaires.

**28.**

Porto-Novo (Dahomey), 10 mai 1911.

Théodora est une bonne vieille de 65 à 70 ans qui, depuis bientôt deux ans, a gardé habituellement le lit. Elle avait souvent la fièvre et se plaignait de violents maux de tête. De plus, elle devint folle à tel point qu'on fut parfois forcé de l'attacher. Un musulman, grand ami du mari de Théodora, se fit fort de la guérir de cette folie avec des remèdes dont il vantait l'efficacité. Mais le savant remède ne produisit aucun effet, et la malade fut à une telle extrémité que, sans attendre le retour de sa raison, je lui administrai le Sacrement des malades. Très faible alors, elle n'avait plus besoin d'être attachée. Je lui fis remettre une relique de S$^{te}$ Thérèse, et on commença une neuvaine à votre ange pour cette pauvre malade.

Quelques jours après, on me rapportait la relique me disant : « Théodora est guérie, elle n'est plus folle du tout, elle raisonne bien, elle se porte bien ! » — En effet, je la vis, sans tarder, arriver à l'église, accompagnée de son mari, offrir son hommage de reconnaissance au Sacré Cœur; et depuis, ils viennent tous deux à la Messe chaque matin. En guérissant Théodora, la petite Thérèse a fait d'eux de fervents chrétiens !

R$^d$ P. BARRIL,
*Missionnaire du Saint-Esprit.*

## 29.

Du même, 24 juin 1911.

Ce matin, je reçois de la Supérieure des Religieuses de X., une lettre m'annonçant un miracle obtenu par Sᵗ Thérèse. Le courrier va partir, et je me hâte de vous transcrire cette relation :

« Dernièrement, écrit la Supérieure, nous avons eu ici un miracle de Sᵗ Thérèse de l'Enfant-Jésus. Une de nos internes avait les humeurs froides qui coulaient, ce qui la faisait beaucoup souffrir. Je l'envoyai chez le médecin depuis fin janvier jusqu'au commencement d'avril, et, au lieu de guérir, la pauvre enfant devenait de plus en plus souffrante. Son cou coulait tellement que tous les bandages, sa chemise, sa robe étaient mouillés jusqu'à la ceinture. Elle exhalait une odeur infecte, les autres enfants ne pouvaient plus rester auprès d'elle. Sa mère vint pour la chercher et l'emmener dans la brousse où on la soignerait avec des remèdes du pays ; je ne pouvais refuser. Je craignais la lèpre ; j'étais désolée, et la mère aussi. Je dis à celle-ci : « Attends une semaine, nous allons demander un miracle au bon Dieu. — Ah ! répond-elle, oui, il n'y a que le bon Dieu qui peut me la guérir. »

« Le soir du même jour, nous commençâmes une neuvaine à Sᵗ Thérèse de l'Enfant-Jésus, et je cessai tout remède, me contentant de laver la plaie simplement avec de l'eau pure.

« L'enfant commença de suite à aller mieux, mais n'était pas complètement guérie. Nous avons fait trois neuvaines, et c'est à la fin de la troisième neuvaine que la plaie a été complètement cicatrisée. L'enfant continue d'aller très bien.

« C'est un vrai miracle que Sᵗ Thérèse nous a obtenu ; mais c'est aussi une grande grâce spirituelle car si la chère malade était retournée chez sa mère, une pauvre païenne de la brousse, c'était bien fini pour son corps et pour son âme ! »

## 30.

X. (Haute-Garonne), 10 mai 1911.

Dans le courant de la semaine sainte, Maria M., âgée de 12 ans, fut atteinte de la rougeole, épidémie régnante actuellement dans la contrée. Le mal était bénin et ne donnait aucune inquiétude lorsque, subitement, le matin de Pâques 16 avril, l'enfant fut prise de maux de tête excessivement violents suivis de convulsions à la suite desquelles elle perdit toute connaissance. Le médecin, aussitôt appelé, constata une méningite et déclara que l'état de la malade était très grave et même désespéré.

Après Vêpres, je me rendis auprès de l'enfant et me hâtai de lui donner l'Extrême-Onction ; aussitôt après la cérémonie, je crus son dernier moment arrivé ; tout au plus, pouvait-elle vivre encore quelques heures, elle paraissait ne pas devoir passer la nuit : c'était l'avis de toutes les personnes présentes.

Cependant je la retrouvai le lundi matin dans le même état que la veille ; je remis alors à sa mère une image de Sᵗ Thérèse de l'Enfant-

Jésus, image que je fis épingler au rideau du lit, au-dessus de la tête de l'enfant, et j'engageai toute la famille à prier avec ferveur votre petite Sainte.

Peu après, Maria M. reprit connaissance, regarda avec étonnement la petite image et commença à parler; ensuite elle demanda à manger. Lorsque le médecin revint, il fut extrêmement surpris du changement survenu et déclara : « Elle peut se lever, elle est guérie ! »

Lorsque je retournai à mon tour visiter cette enfant, elle était dans le jardin avec sa mère, ne portant aucune marque de la violente crise qu'elle venait de subir.

Dimanche dernier, elle a communié en action de grâces et plusieurs de ses compagnes ont voulu communier avec elle.

Il est impossible de ne pas voir dans cette guérison si soudaine une preuve de la puissance de celle qui a dit :

« Je veux passer mon ciel à faire du bien sur la terre. »

Abbé X., *curé*.

### 31.

Düren (Allemagne), 15 mai 1911.

Un buveur avait l'habitude de désoler son épouse tous les soirs, même la nuit, en maudissant et en grondant avec colère, lui rendant tout sommeil impossible.

Je lui donnai une image de notre petite sainte, la pauvre femme la cacha sous le coussin du lit de son mari. Celui-ci, à partir de ce jour, recommençait son tapage en rentrant le soir, mais, à peine couché, il s'écriait : « Mais, qu'est-ce qu'il y a donc dans ce lit ? Je ne puis y tenir ! » Alors il sortait et allait prendre son repos dans une autre chambre. De cette manière, la pauvre femme pouvait dormir et n'avait plus à entendre toutes les malédictions de son malheureux ivrogne.

Voilà une preuve évidente de l'efficacité des images de notre chère S' Thérèse. *X.*

### 32.

X. (Isère).

La chère petite S' Thérèse de l'Enfant-Jésus vient encore de manifester que, selon sa parole, « elle passe son Ciel à faire du bien sur la terre ». Elle m'a guérie subitement, après une maladie de six mois dont je veux, d'un cœur reconnaissant, retracer les détails pour sa glorification.

Le 26 novembre 1910, je me mettais au lit, à la suite d'un brusque arrêt au cœur qui me laissa presque une journée entière sans connaissance. Le lendemain, quand je voulus me lever et reprendre ma vie, il me fut difficile de marcher ; j'avais une violente douleur à la jambe gauche, et une sciatique constatée par le médecin se déclarait, sciatique de plus en plus violente jusqu'au 15 décembre, jour où vint se greffer sur elle, sans me l'enlever, un eczéma douloureux, externe et interne, dû à l'application d'un remède trop énergique employé sans l'avis du docteur. Ah ! que j'ai souffert alors ! et quels tourments indescriptibles que je compare à ceux de l'enfer ! En vain essayait-on de tous les calmants, aucun ne parvenait à endormir ma souffrance.

Sous l'empire d'une surexcitation folle et malgré la douleur de ma jambe, il m'arrivait de marcher quatre heures de suite au grand désespoir de mon entourage qui redoutait de me voir perdre la raison. Cette période dura 15 jours, et je ne m'en souviens pas encore sans trembler ! Mais si le traitement indiqué par un célèbre spécialiste me fit du bien et parvint à calmer mes vives douleurs, il ne fut pas assez puissant pour faire disparaître l'eczéma, lequel me tint triste et fidèle compagnie jusqu'à ce que S$^r$ Thérèse l'emportât avec tous mes autres maux.

Pour comble de malheur, mon cas s'aggrava tout à coup, conformément aux prévisions du spécialiste, d'une phlébite aux deux jambes. Durant quinze autres jours, on me fit essayer de rester étendue sur une chaise longue ; puis, mes souffrances augmentant, le docteur me conseilla de ne plus quitter mon lit, espérant me guérir plus vite avec l'immobilité complète. Pas d'autres remèdes, du reste, selon lui. Il me le répétait à chaque visite, avec l'assurance que ce serait long... très long... Ah ! que de fois cette perspective décourageante, doublée du martyre que me faisait subir la pensée d'être une gêne pour mon entourage, a failli me jeter dans le désespoir ! Que de larmes j'ai versées dans le silence de la nuit ! Combien de fois, serrant mon Crucifix sur mon cœur, j'ai demandé au bon Maître de m'aider et d'unir ma volonté à la sienne ! Je le bénis maintenant d'avoir écouté ma prière ; ce devait être si long du 2 janvier au 29 avril, jour de ma guérison !

Quelques semaines auparavant, une bonne ouvrière, pleine de compassion pour mon état, m'avait apporté la « Pluie de roses » de S$^r$ Thérèse de l'Enfant-Jésus et une image portant sa relique, m'engageant à prier cette chère petite sainte avec confiance ; mais cette confiance, je ne l'avais pas du tout, du tout. Je dis moi-même à ma compagne : « Oh ! j'ai pris cette relique pour ne pas faire de peine à cette brave Maria, crédule comme tous les gens simples ; mais je ne veux ni m'en servir, ni lire « Pluie de roses », j'aime mieux Notre-Dame de Lourdes, c'est elle qui me guérira. » Je fis donc rendre la brochure sans la lire : quant à l'image, sans plus m'en préoccuper, je la mis dans mon livre de prières dont je me servais continuellement, il est vrai, mais je ne m'en inquiétai pas davantage. Je voulais être guérie par Notre-Dame de Lourdes, je voulais que notre bonne Mère du Ciel me fît marcher le jour de Pâques pour aller à l'église ou, au plus tard, le dimanche de Quasimodo, lui laissant huit jours de plus pour le miracle que je lui demandais avec toute l'ardeur de mon cœur.

Hélas ! ce dimanche de Quasimodo, non seulement je ne marchais pas encore, mais j'étais tellement souffrante que je perdais tout espoir. — Ingrate que j'étais, je ne me doutais pas que la Sainte Vierge ne faisait que se retirer pour laisser la place à S$^r$ Thérèse de l'Enfant-Jésus.

J'eus l'idée, le surlendemain, 25 avril, de faire venir le docteur que j'avais pourtant résolu de ne plus voir, sachant d'avance son appréciation. Je lui demandai de sortir de ce lit où j'achevais de perdre mes forces, pour essayer de me traîner avec des béquilles jusqu'à ma chaise longue (un mètre environ). — « Puisque le repos absolu n'améliore pas votre état, vous pouvez essayer, me dit-il, mais à condition de ne pas quitter vos béquilles et de ne pas vous appuyer sur vos jambes. » — Recommandation bien inutile ; l'aurais-je voulu cent fois, cela m'eût été impossible ! Ce jour-là, l'auscultation de mes pauvres jambes me fut particulièrement douloureuse ; il suffisait de me les toucher à peine pour me faire cruellement souffrir ; aussi, je ne fus pas surprise d'entendre le docteur ajouter que, dans l'état où elles étaient, la marche me serait interdite sans doute de longs mois encore, tant à cause de la phlébite que de l'ankylose produite par quatre mois de repos absolu.

Ce pronostic ne tarda pas à se réaliser, et j'ai eu de vrais moments de désespoir en constatant que, malgré mon ardent désir, je ne pouvais rester levée ni étendue sans de très grandes souffrances suivies de syncopes ; que, pas davantage, mes jambes n'éprouvaient de soulagement par mes béquilles ; en un mot, que j'étais toujours aussi malade.

C'est alors qu'exaspérée de souffrir, car le bon Dieu s'est servi de cela pour me rendre la foi en la petite S$^t$ Thérèse, l'idée m'est venue de prendre la précieuse relique et de la mettre sur ma jambe la plus malade. En même temps, je fis la prière qui est au verso de l'image, j'y ajoutai une autre prière du cœur, bien ardente, pour lui demander de me guérir d'une façon absolue, éclatante, de manière à toucher l'âme et le cœur des jeunes filles qui m'entourent, jeunes filles à qui j'ai consacré ma vie et que j'aime tendrement. Je dis à ma chère petite S$^t$ Thérèse que je ne voulais pas une moitié de guérison, car cela ne suffirait pas pour leur donner la confiance en ce Dieu qu'on n'aime jamais assez ; en un mot, j'épanchai complètement mon âme et ses ardents désirs, mais seulement dans mon for intérieur et sans en prévenir qui que ce soit, si bien que ma chère amie et fidèle garde-malade croyait toujours que je ne pensais pas à S$^t$ Thérèse. Je le lui avouai seulement le lendemain, veille du miracle, quand elle m'apporta une seconde édition de la « Pluie de roses ». On la lui avait donnée, mais elle était persuadée que j'allais la lui refuser. Non seulement je ne la lui refusai pas, mais je lus avec intérêt et émotion le récit de quelques-unes des merveilles opérées par la petite sœur. Cependant, j'étais moins confiante que la veille, je dois l'avouer humblement, c'était même du doute qui m'envahissait. Or, la nuit suivante, du 28 au 29 avril, je pus me coucher sur ma jambe gauche, situation dans laquelle il m'était impossible de me mettre depuis six mois. Je sentis alors venir cette confiance absolue tant désirée et, au matin du 29 avril, jour si mémorable pour moi, elle était entièrement dans mon cœur.

Avec une extrême difficulté, j'allai de mon lit à ma chaise longue et n'y fus pas plutôt que je me sentis pressée intérieurement de me lever et de marcher. Une inquiétude inexplicable s'empara de mes jambes, suivie d'une agitation qui ne semblait pas me permettre de rester étendue. « Je te dis qu'il se passe quelque chose d'extraordinaire dans mes jambes, répétais-je à ma compagne étonnée ; on dirait que la petite sœur est agacée de me voir étendue. » Il fallut toute son éloquence pour me faire consentir à ne pas bouger, quoique cela me coûtât beaucoup, je l'avoue. Enfin, n'y tenant plus, à midi, après notre déjeuner, je lui demandai mes béquilles qu'elle me donna avec son sentiment de terreur habituelle, essayant de me soutenir comme elle le faisait toujours. Mais, ô miracle ! c'était bien inutile, j'étais guérie, je marchais sans aucune crainte de cette affreuse embolie qui me terrorisait depuis le début ; je ne sentais plus rien dans mes jambes, sinon un désir de marcher, de marcher encore, ce que je fis à la stupéfaction de mon entourage appelé en hâte pour constater le miracle. Miracle bien complet car, en regardant mes jambes, tout le monde put voir qu'il ne restait plus rien, absolument rien, ni enflure, ni trace d'aucune sorte rappelant l'eczéma ; tout avait disparu ! Je me jetai à genoux sans la moindre difficulté, ne sentant ni ankylose, ni trop grande raideur dans les articulations. Dans mon ardente reconnaissance pour ma chère bienfaitrice, S' Thérèse, je commençai par réciter la prière pour sa béatification, puis je la répétai à chaque dizaine du chapelet que je pus dire *entièrement à genoux !*

A 1 heure et demie, au moment de la rentrée de notre cher ouvroir, je me sentis pressée de faire connaître ma guérison à toutes nos jeunes filles pour la glorification de ma petite S' Thérèse.

Sans me préoccuper des escaliers à gravir, je partis seule, je montai facilement au second étage, sans soutien, ne songeant même pas à me servir de la rampe. J'ouvris brusquement la porte. Ces pauvres enfants eurent une telle émotion que les unes se signèrent comme devant un fantôme et les autres faillirent s'évanouir. Je renonce à décrire l'enthousiasme général et le chant de reconnaissance qui sortit de toutes nos poitrines. Je crois que jamais prière ne fut plus ardente que celle que nous fîmes toutes à genoux.

Du reste, S' Thérèse ne se contenta pas de me guérir, elle devint, à partir de cette heure-là et sans que je puisse encore comprendre par quel prodige, l'amie et la conseillère de toutes nos jeunes filles qui, la veille encore, comprenaient si peu les choses de Dieu, elles l'avouaient elles-mêmes. Ce qu'il y a de certain, c'est qu'une atmosphère de piété, inconnue jusqu'à ce jour, règne dans notre ruche dont la chère petite S' Thérèse semble être devenue complètement la reine.

J'avoue que ceci me paraît non moins miraculeux que ma guérison à laquelle je reviens en disant que je suis descendue comme j'étais montée, toujours sans m'appuyer. Je repris mon travail d'autrefois sans arrêt, l'après-midi entière, et sans éprouver le besoin d'étendre mes jambes. Oui, vraiment, j'étais guérie et bien guérie.

Par un excès de prudence humaine, j'avais gardé des bandes de flanelle ; au bout de quatre jours, S' Thérèse me fit comprendre que ma foi n'était pas à la hauteur de son bienfait, je souffris un peu. A ce rappel à l'ordre, instantanément j'ôtai les dites bandes et la douleur disparut.

J'ai repris ma vie habituelle : je ne garde de mes six mois de souffrances qu'un petit mal au talon *que je n'ai jamais eu pendant ma maladie ;* il ne m'empêche pas de marcher et l'on me dit que c'est l'empreinte laissée par ma bienfaitrice pour me rappeler son miracle, miracle si éclatant que je vais comme un charme et n'ai plus ni faiblesse, ni syncope.

Que dire de l'émotion de toute ma famille, de celle de ma belle-sœur notamment qui, ayant aidé à me soigner, avait pu constater le triste état de mes jambes !... Mes oncles, mes cousins et mes amis se figuraient la plupart, avant de m'avoir vue, qu'on leur racontait une histoire. Plusieurs même en furent si impressionnés qu'ils n'osaient monter jusqu'à ma chambre, redoutant l'émotion que leur causerait un tel prodige.

Tous me supplièrent de faire constater cette incompréhensible guérison par le docteur. J'avoue que je consentis avec bien peu d'entrain à leur faire ce plaisir, un sentiment intime qu'on comprendra me poussant à garder pour l'intimité absolue cette joie de mon cœur. Le samedi 6 mai, je me décidai pourtant à faire à pied les 300 mètres qui me séparent du docteur.

J'entrai dans son cabinet brusquement, sans qu'il fût averti. « Est-ce que j'en crois mes yeux ? » s'écria-t-il. Il ne put dire un mot de plus et parut très ému en écoutant le récit de ma guérison et en me voyant frapper avec force sur ces malheureuses jambes que, si peu de jours avant, il ne pouvait toucher sans m'arracher un cri de souffrance atroce.

Je lui fis constater la disparition de l'enflure et, très aimablement, il consentit, sans se faire prier, à délivrer un certificat attestant ma maladie, sa durée et sa guérison complète.

Je fis constater également ma miraculeuse guérison par Monsieur le Curé qui voulut bien me donner, lui aussi, un certificat.

Que dire encore ? sinon que la petite Sʳ Thérèse, notre protectrice si aimée à laquelle nous avons fait place d'honneur dans nos cœurs et notre maison, vient de mettre le comble à ses bienfaits en nous embaumant de ses parfums délicieux. Pour la première fois, toutes les personnes de la maison les ont sentis avant-hier matin, dans une pièce où il n'y avait pas la moindre fleur et dont les fenêtres n'avaient pas encore été ouvertes. Pour les unes, une douce odeur de muguet s'est exhalée d'un précieux sachet contenant de ses cheveux ; pour les autres, de sa simple image... Et comme pour nous bénir en ce moment même où j'achève le récit de mon bonheur, elle les exhale encore, ces parfums du Ciel !...

Ah ! puisse-t-elle nous les laisser toujours !  A. DE L.

Suit le certificat du docteur constatant la réalité de la maladie et de la guérison.

## 33.

M. (Somme), 24 mai 1911.

Le 27 février 1911, la jeune Paule H., âgée de 5 ans, tomba dans une chaudière d'eau bouillante. Elle eut le ventre et la cuisse droite entièrement brûlés : c'était une plaie affreuse, la peau était partie avec les vêtements.

Les parents de Paule habitent loin de tout médecin ; ils vinrent me chercher, car je m'occupe beaucoup des malades et j'en ai déjà visité un grand nombre.

En voyant l'immense brûlure, je fus épouvantée, et je me dis que l'enfant était perdue ; je crevai les cloches, fis un pansement avec de l'huile, puis j'envoyai le père chercher un docteur. Il était alors 9 heures du matin. Le docteur ne vint qu'à 7 heures du soir. — Sur ces entrefaites, un autre docteur vint au château où j'instruis des enfants ; je le fis venir pour voir la petite Paule, qu'il trouva très mal. — Pendant toute la journée, je renouvelai les pansements. Lorsque le docteur de la famille arriva à 7 heures du soir, il ordonna de continuer ces pansements et dit qu'il s'en rapportait à moi et me confiait le soin de l'enfant.

Le 1ᵉʳ mars, je trouvai la petite Paule plus mal. Alors, je parlai aux parents désolés de Sʳ Thérèse que j'aime beaucoup, et, séance tenante, nous commençâmes une neuvaine : 3 *Pater*, 3 *Ave* et 3 invocations : Sʳ Thérèse de l'Enfant-Jésus, guérissez petite Paule. — Un mieux se fit sentir de suite. Au bout de la neuvaine, l'enfant était hors de danger. Trois semaines après, l'affreuse plaie était guérie. Il n'y avait plus eu ni fièvre, ni suppuration depuis que nous avions commencé à prier.

La petite Paule court maintenant, et ses parents sont bien heureux, et reconnaissants à Sʳ Thérèse. M. T.

Suivent la signature des parents, du frère et des sœurs, l'attestation de M. le Curé de M. sur la véracité des témoins, et le cachet de la paroisse.

## 34.

M. (Aisne), 24 mai 1911.

Il y a 15 jours, mon petit garçon fut atteint de douleurs violentes dans un genou ; ces douleurs furent accompagnées d'enflure et de fièvre. Le docteur présuma une arthrite à l'état aigu et me fit craindre le début d'une tumeur blanche, l'enfant étant d'une complexion délicate.

Vous jugez de mon angoisse ! Aussitôt je pensai à Sʳ Thérèse et lui dis : « Vous qui en avez guéri tant d'autres, ne permettez pas ce malheur ; ayez pitié d'une mère déjà si éprouvée ! » Je mis l'image de Sʳ Thérèse près du lit de mon fils et lui fis porter une de ses reliques, puis nous commençâmes une neuvaine. Le cinquième jour, le genou était devenu rouge et enflé plus encore ; impossible de le toucher sans que l'enfant jetât des cris ! Je ne me désespérais pas, et, tandis que le docteur faisait prévoir la tumeur, je mis la relique sur le genou du petit malade.

Le 8ᵉ jour, quelle ne fut pas ma surprise, en défaisant le bandage, de voir qu'il n'y avait plus d'enflure !

Le 9ᵉ jour, l'enfant sortit seul de son lit et vint me trouver en disant : « Je n'ai plus de mal du tout ! » et il pliait sans difficulté cette petite jambe encore absolument raide deux jours plus tôt !

Le docteur parut stupéfait de cette guérison si prompte. Elle est vraiment miraculeuse et je vous prie, ma Rᵈᵉ Mère, de m'aider à en remercier Dieu et votre petite sainte. J. P.

## 35.

Paris, 30 mai 1911.

Ma filleule, Marie B., âgée de 23 ans, souffrait depuis fin janvier d'une plaie très vilaine, profonde et large. Cette plaie, localisée juste à la pliure du coude, devenant de plus en plus large et douloureuse, l'aurait obligée à cesser tout mouvement si, d'après le conseil d'une amie, nous n'avions eu l'heureuse inspiration de faire une neuvaine à votre sainte petite Sʳ Thérèse.

Marie, atteinte de cette plaie au coude, ne voyait que rarement le docteur, car des plaies de ce genre lui surviennent chaque fois qu'elle se fait la moindre égratignure. — Il y a trois ans, un médecin avait déclaré, après examen d'une tumeur qu'elle avait au pied, que Marie était tuberculeuse.

Suivant l'ordonnance du docteur, elle allait donc tous les jours se faire panser au Dispensaire. Une fois, elle s'en abstint pendant deux ou trois jours, craignant d'abuser du dévouement de la Sœur infirmière qu'elle savait très occupée. Mais le pansement séchant sur la plaie, la souffrance devint intolérable ; alors, je défis les bandes et, après avoir enduit de vaseline l'endroit malade, j'appliquai dessus la relique de S' Thérèse de l'Enfant-Jésus, et du 5 au 13 mars, nous fîmes la neuvaine, cessant tout pansement véritable, changeant simplement les bandes qui entouraient le bras, n'appliquant sur la plaie que de la vaseline pure.

Nous fîmes la neuvaine avec beaucoup de foi et de confiance.

Le 3ᵉ jour fut un jour de souffrance plus grande pour la malade, et, le soir de ce même jour, ses pansements et son lit furent tout mouillés par le pus qui s'écoula de la plaie.

Le 13 mars, jour de la clôture de la neuvaine, la plaie était complètement refermée ; il n'y avait même plus de rougeur à l'endroit de la cicatrice !

Tout en étant convaincue de cette guérison, j'ai préféré attendre plusieurs semaines avant de vous en faire la relation, ma Révérende Mère, afin de vous donner une certitude absolue de ce fait merveilleux, dû à la puissante intercession de votre chère sainte.

J. M.

## 36.

D. (Belgique). 2 juin 1911.

Je me fais un devoir et un plaisir, ma Révérende Mère, de vous raconter la guérison de mon fils Arthur, âgé de 6 ans ; cet enfant vient d'être miraculeusement guéri d'une appendicite que les deux docteurs traitants voulaient opérer. — C'était, d'après eux, le seul moyen de guérison, bien que présentant un très grand danger à cause de l'extrême faiblesse du petit malade.

Un de nos amis, possédant une relique de votre chère S' Thérèse de l'Enfant-Jésus, nous conseilla de placer cette relique sous l'oreiller de notre cher enfant. Ce qui fut fait. — Le même jour, un troisième docteur, appelé également en consultation, me déclara que la situation était très grave.

Vers le soir donc, le petit Arthur s'endormit et ne se réveilla que le lendemain matin à 7 heures. A son réveil, toute trace de fièvre avait disparu complètement, ainsi que la douleur au côté droit. Les docteurs, survenant en ce moment, en étaient stupéfaits.

Ceci se passait il y a huit jours. Depuis ce temps, tout mal a disparu, le cher enfant est tout à fait guéri.

Je vous envoie ci-inclus les rapports médicaux des trois docteurs qui l'ont soigné.

D.

Suivent les certificats.

**37.**

M. (Belgique), 4 juin 1911.

Pour la glorification de Sᵗᵉ Thérèse de l'Enfant-Jésus, je considère qu'il est de mon devoir de vous donner connaissance de la guérison prodigieuse que j'ai eu le bonheur d'obtenir par son intercession.

Depuis environ un an et demi, je souffrais du pied droit. Le mal apparut d'abord sous la forme d'un gonflement à la cheville; puis, au bout d'un mois ou deux, il me vint sur le dessus du pied un abcès dont le médecin ne put obtenir la guérison. Une opération, effectuée fin avril 1910, ne donna aucun résultat. Le mal empirait; le docteur traitant finit par m'avouer que trois os (appelés métatarsiens) étaient attaqués par la carie et, en février dernier, reconnaissant son impuissance, il déclara qu'une seconde opération, ayant pour but l'enlèvement des os malades, était le seul moyen d'arriver à une guérison radicale. Hésitante, je tardai quelques semaines avant de prendre une décision.

C'est alors qu'une parente me parla de Sᵗᵉ Thérèse de l'Enfant-Jésus et m'engagea à l'invoquer.

Une première neuvaine resta sans résultat; mais, au cours de la seconde, le gonflement disparut, la suppuration prit fin, la plaie se referma : c'était la guérison et voilà un mois qu'elle se confirme !

Vᵛᵉ T. C.

**38.**

X. (Hᵗᵉ-Garonne), 7 juin 1911.

Nous étions à quinze jours de la première Communion solennelle, lorsqu'une petite fille, Marie L., âgée de 11 ans, qui devait y prendre part, tomba subitement malade. C'était le 6 mai. Le médecin, appelé en toute hâte, pronostiqua une méningite aiguë et, m'ayant rencontré sur la route, m'avertit que si je voulais voir cette enfant, je devais me presser. Il ajouta : « C'est l'affaire de quelques jours. »

Immédiatement, je me rendis auprès de la jeune malade et je constatai avec douleur que le médecin n'avait rien exagéré : elle ne me reconnut ni ne m'entendit; seuls, ses yeux égarés et démesurément ouverts et des mouvements de tête désordonnés nous prouvaient qu'elle vivait encore.

Le lendemain, avant la messe, je retournai à la maison de la fillette et donnai à sa mère une relique de Sᵗᵉ Thérèse, avec recommandation de l'appliquer sur la poitrine de l'enfant au moment de l'Elévation. Je lui annonçai que je commencerais, le matin même, avec toutes les personnes présentes à l'église et les enfants de la première Communion, une neuvaine pour obtenir de la sainte Vierge par l'intercession de Sᵗᵉ Thérèse la guérison de notre chère petite malade.

Dès cette heure-là, un mieux sensible se manifesta et, le 21 mai, Marie L. était à sa place, parmi les premières Communiantes, faisant l'étonnement et l'admiration de toute la paroisse.

Tout à l'heure, la voyant s'amuser avec ses amies, je lui demandai si elle n'éprouvait point de fatigue; elle m'a répondu qu'elle n'en ressentait aucune.

Il y a eu un mois hier qu'elle est tombée malade. C'est une enfant sage et pieuse ; que Sᵗᵉ Thérèse la protège toujours ! Abbé B., *curé*.

## 39.

Lisieux, 9 juin 1911.

Je certifie que ma petite fille a été guérie au commencement d'août 1910, par l'intercession de S' Thérèse de l'Enfant-Jésus.

Cette enfant était couverte de bobos et de croûtes depuis les pieds jusqu'à la tête ; elle ne pouvait plus marcher ; le médecin et le pharmacien ne comprenaient rien à ce mal étrange.

Un jour, une voisine me parla de S' Thérèse et me proposa de lui faire une neuvaine, ce que j'acceptai en promettant d'aller, le neuvième jour, porter l'enfant sur la tombe de la chère petite sainte. Cette personne me donna un pétale de rose que je mis dans un petit sachet sur la poitrine de Marie, et, le lendemain, toutes les croûtes du visage étaient tombées. Je restai stupéfaite du changement qui s'était opéré en une seule nuit. De jour en jour le mal disparut, et le dernier jour de la neuvaine, ma petite Marie, que je devais *porter* au cimetière, y est montée elle-même sans aucune peine.

Depuis cette époque elle va très bien, et ne s'est jamais ressentie de la vilaine maladie de peau dont elle était atteinte.

Merci à S' Thérèse !
V" X.

## 40.

B. (Belgique). 15 mai 1911.

Un de mes voisins, M. X., boucher, avait acheté une vache charbonneuse qui est morte dans son étable la nuit après son arrivée. Il la dépeça aidé de son fils. Malheureusement il avait au doigt une crevasse par laquelle du sang de l'animal s'introduisit, et aujourd'hui l'analyse de sa chair vient de révéler qu'il avait lui-même ce charbon infectieux.

Deux médecins viennent de l'opérer, de lui brûler les chairs de l'index et d'une partie de la main. On craint que le charbon ne soit inoculé dans tout le sang, et alors ce serait la mort à bref délai.

Je lui ai donné une image et une relique de S' Thérèse, et je lui ai conseillé de placer la relique dans les linges entourant sa main et de commencer une neuvaine avec sa femme.

Prions avec eux, et espérons que votre petite sainte obtiendra ce beau miracle dont toute une famille et toute la ville, alarmée par cet accident, lui auront une grande reconnaissance.
M.

Le même, 23 mai 1911.

Notre boucher est en bonne voie de guérison. Ce matin il était à l'église, réservant sa première visite pour le bon Dieu. Hier il m'a chargé de vous demander de sa part une neuvaine de Messes en action de grâces, et l'envoi de quelques images afin qu'il puisse faire connaître et aimer celle qui lui a obtenu sa guérison d'une façon tout à fait extraordinaire.

En effet, après l'analyse de son mal (le charbon le plus infectieux), alors que le cobaye à qui l'on avait inoculé de son sang était mort presque instantanément, les deux médecins qui le soignaient avaient décidé d'appeler un spécialiste pour voir s'il n'y aurait pas lieu de lui couper la main.

Notre boucher se mit à genoux avec sa femme et, dans sa foi naïve et confiante, s'écria : « S' Thérèse, obtenez-moi la grâce qu'on ne trouve pas de spécialiste et qu'on ne coupe plus dans ma main. Soyez vous-même mon troisième médecin ; obtenez-moi ma guérison. J'ai confiance en vous ; si vous m'exaucez, je vous en aurai une éternelle reconnaissance. Chaque année, à cette époque, je ferai dire une Messe en votre honneur ! »

Et voilà que le spécialiste demandé par nos médecins de B. se trouve empêché de venir ! Le soir les docteurs constatent un mieux sensible : la plaie est plus belle, les souffrances diminuent. Le lendemain le mieux s'est accentué et continue... « S' Thérèse a entendu mon appel désespéré, ne cesse de dire le blessé ; c'est elle qui a obtenu ma guérison ! »

Ses mortelles inquiétudes disparaissent : lui qui sait combien ce terrible charbon a vite conduit au tombeau, le voilà passant des plus déprimantes angoisses au calme et à la confiance les plus bienfaisants. Aussi n'a-t-il pas voulu se séparer un instant de la relique de votre petite sainte ; il la porte nuit et jour dans les linges qui entourent sa main. A tous ceux qui lui demandent de ses nouvelles, il fait part de sa confiance en S' Thérèse de l'Enfant-Jésus.

Lettre du boucher, 14 juin 1911.

J'ai tardé, ma Révérende Mère, à vous envoyer le certificat du docteur, parce que j'attendais d'être définitivement guéri.

Comme M. Meunier vous l'avait écrit, mon état était désespéré, il n'en guérit pas deux sur cent en pareil cas.

C'est grâce à la bonne petite S' Thérèse que je suis guéri. Aussi, chaque année, à cette même époque, tant que Dieu me donnera la vie, je vous enverrai les honoraires d'une Messe à dire en son honneur, en action de grâces d'un si grand bienfait.  D.

Suit le certificat d'un des médecins reconnaissant la maladie « très grave », le pronostic « très sévère » et l'état actuel de guérison.

## 41.

X. (Gard), 27 juin 1911.

Ma Révérende Mère, je tiens à vous faire connaître le miracle extraordinaire que nous venons d'obtenir par l'intercession de S' Thérèse.

Le 23 juin, jour de la fête du Sacré Cœur, ma sœur a mis au monde un fils ; le pauvre petit était asphyxié. Notre dévoué et savant docteur employa toutes les ressources de l'art pour le faire revenir à la vie. Après un quart d'heure environ d'efforts attentifs, il obtint quelques respirations saccadées ; puis, brusquement, elles s'arrêtèrent ; le cœur cessa de battre, le petit corps devint livide comme celui d'un petit cadavre. A ce moment le docteur, désespérant du résultat, ne fit plus rien.

Maman accourut alors près de moi et me dit avec douleur : « Ta sœur vient de mettre au monde un fils qui est superbe, mais c'est affreux, il est mort ! » Aussitôt je me jetai à genoux et priai avec grande confiance ma petite Sʳ Thérèse de l'Enfant-Jésus de rendre la vie à mon cher petit neveu.

Après plusieurs minutes d'indicibles angoisses, tout à coup l'enfant reprit sa respiration et se mit à crier. Vous pouvez penser, ma Révérende Mère, quelle fut notre stupéfaction, et aussi combien fut grande notre reconnaissance envers la chère petite sainte !...

La Sœur garde-malade, déjà d'un certain âge et qui a assisté à la naissance de plus de deux cents enfants, est émerveillée de cette résurrection et elle vous supplie de lui envoyer des reliques pour les appliquer sur les malades ; elle veut publier partout les prodiges de Sʳ Thérèse de l'Enfant-Jésus.

Ma sœur portait une de ces précieuses reliques au moment du miracle.

Je vous envoie, ma Révérende Mère, le certificat du docteur, suivi de la signature de Monsieur l'Archiprêtre pour affirmer l'authenticité de la pièce. (Mᵐᵉ) d'X.

Suivent la signature de la jeune mère et de la grand'mère, et le certificat médical détaillé.

## 42.

X. France), juillet 1911.

Sʳ Thérèse de l'Enfant-Jésus ne refuse pas sa douce protection aux efforts quelquefois si périlleux tentés par la science.

C'est un officier qui lui voue une éternelle reconnaissance parce qu'elle l'a préservé d'une mort certaine.

Cet officier aviateur se trouvait sur son appareil, déjà à une grande hauteur, quand tout à coup l'une de ses hélices vint à se briser. Le péril était imminent. Une des ailes de l'aréoplane pendait misérablement, et l'on devait s'attendre à voir l'appareil tomber à terre dans une chute rapide et mortelle pour le pauvre aviateur. Des spectateurs de l'accident s'écriaient devant ce danger : « Il va se tuer ! » Mais l'officier, qui portait sur lui une relique de Sʳ Thérèse de l'Enfant-Jésus, invoque la Servante de Dieu et l'appelle à son secours ; en même temps il tente un dernier effort et, de tout son corps, il essaie de faire contre-poids sur l'hélice brisée.

Au grand étonnement de tous, l'aréoplane descend doucement dans les airs pour atterrir bientôt. Le terrible accident, si justement redouté, venait d'être évité grâce à la protection de la petite sainte de Lisieux.

X.

Un autre aviateur, désirant s'assurer la protection de la Servante de Dieu, a fait tirer une grande héliogravure sur satin la représentant et a fixé ce portrait sur l'une des ailes de son appareil.

### 43.

X. (Mayenne), 9 juillet 1911.

Je souffrais beaucoup d'une irritation de la langue qui me gênait pour faire la classe ; il s'était même produit sur le côté de la langue un mal qui menaçait de s'étendre. Plusieurs sortes de gargarismes ne produisirent aucun soulagement. Je me désolais, lorsqu'il me vint à la pensée de faire bouillir de l'eau et d'y délayer de la terre prise près du cercueil de la servante de Dieu, Thérèse de l'Enfant-Jésus, au moment de l'exhumation du 6 septembre dernier. J'employai chaque matin ce gargarisme d'un nouveau genre, après avoir fait une prière à S$^t$ Thérèse et lui avoir promis de vous écrire ma guérison si elle voulait bien me l'obtenir.

Le troisième jour de ce traitement peu ordinaire, tout avait disparu, j'étais guérie. C'était vers la mi-juin, et depuis ce moment je ne fais plus usage d'aucun remède ni gargarisme, ce dont je ne pouvais me dispenser depuis plus de deux ans.

Gloire à S$^t$ Thérèse de l'Enfant-Jésus !    M. C.

### 44.

La Pouverine près Cuers (Var), 10 juillet 1911.

A la suite de tant d'heureuses âmes qui, chaque jour, vous écrivent les merveilles opérées par votre glorieuse Carmélite, S$^t$ Thérèse de l'Enfant-Jésus, je viens vous dire à mon tour la merveilleuse conversion qu'elle a obtenue ici au cours de l'année dernière :

Au mois de juin 1910, en ce sanatorium de la Pouverine, se trouvait avec moi un jeune homme de vingt-huit ans, phtisique au dernier degré, dont le caractère difficile et l'irréligion sectaire étaient une lourde croix pour les religieuses de l'établissement. Venant alors de lire avec beaucoup d'édification l'admirable Vie de votre petite reine et ayant grande confiance en son intercession, je m'adressai à elle pour obtenir, à jour fixé (8 septembre), la conversion de ce malheureux pécheur. Mon espérance ne fut pas déçue. Cette conversion qui semblait devoir être si difficile s'opéra comme par enchantement, et le 8 septembre, après avoir vécu plus de treize ans éloigné de toute pratique religieuse, le pauvre jeune homme recevait la sainte communion dans les sentiments de la plus vive piété.

Quelques jours avaient suffi pour effectuer dans cette âme un changement complet, une véritable transformation. L'*Imitation de Jésus-Christ*, le *Catéchisme*, le saint *Evangile* surtout étaient ses seuls livres aimés, et il fit brûler sans délai les quelques brochures qu'il possédait et qui lui inspiraient alors un véritable dégoût. Dans les moments les plus douloureux nous l'entendions s'écrier avec un accent qu'on voudrait pouvoir rendre : « Jésus ! oui, c'est bien vrai, Jésus m'a tout remis, et sans que j'aie rien fait pour le mériter. Oh ! que je l'aime et que je voudrais pouvoir dire tout ce que je ressens en pensant à son amour miséricordieux pour moi. » Parfois il prenait le crucifix, le pressait, le baisait avec tendresse, et avec des larmes dans les yeux et dans la voix il lui disait : « Pauvre Jésus ! que vous avez souffert ! et vous étiez innocent !... Moi, je suis le plus grand coupable et j'ose parfois me plaindre... Mon Dieu, ayez pitié de ma faiblesse, et que je reste l'enfant de votre amour ! » Enfin, la dernière journée de cet enfant prodigue n'a été qu'une continuelle prière, et il mourut en murmurant le nom de Jésus ! Plus d'un séraphin embrasé a dû envier les transports divins dont brûlait le mourant et qui ravissaient le prêtre et son entourage. Cette mort a augmenté ici dans tous les cœurs la confiance en S' Thérèse de l'Enfant-Jésus ! Heureux le monastère qui a possédé un tel ange !

Auguste V.

### 45.

Évian-les-Bains (Haute-Savoie), 13 juillet 1911.

Je suis chargée par M<sup>me</sup> X., d'Évian, de vous relater la guérison vraiment merveilleuse de son petit garçon.

Probablement à la suite d'une entorse passée inaperçue, il lui est venu, au-dessus de la cheville, un kyste synovial de la grosseur d'une noix. Au dire des médecins, ce kyste ne devait que grossir, et l'opération devenait nécessaire. Pour des raisons majeures, elle a dû être plusieurs fois ajournée, et c'est à ce moment que M<sup>me</sup> X. lut la *Vie de S<sup>te</sup> Thérèse* et que je lui donnai une de ses reliques. Avec une entière confiance, la neuvaine fut commencée et la laine d'oreiller d'infirmerie de S<sup>te</sup> Thérèse appliquée plusieurs fois par jour sur le mal.

Ô merveille, chaque jour le kyste disparaissait et, le 9<sup>me</sup>, il ne restait qu'un point insignifiant. Une seconde neuvaine fut faite, avec autant de succès. On ne voit à présent, sur le pied de l'enfant, que la trace du kyste miraculeusement disparu.

Vous dire la joie et la reconnaissance de cette heureuse et bonne mère de famille n'est pas possible ! X.

### 46.

Hôtel de l'Ermitage, Les Voirons (Haute-Savoie).
1<sup>er</sup> août 1911.

Je viens vous faire part d'un miracle de la chère petite S<sup>te</sup> Thérèse de l'Enfant-Jésus.

Ce matin, à une heure et demie, un incendie a éclaté dans une dépendance de l'hôtel où j'habite pour l'été. En un clin d'œil, le bâtiment, couvert en bois, a été la proie des flammes.

Ce petit chalet était à deux ou trois mètres seulement du chalet-hôtel où je demeure ; ce dernier est entouré d'un balcon en bois. La toiture commençait à brûler et on n'avait pour l'éteindre que quelques brocs d'eau. Un sapin avait pris feu aussi et allait infailliblement incendier la forêt (la sécheresse exceptionnelle de cet été rendait la situation particulièrement terrible).

C'est alors que j'ai fait jeter dans le foyer une image de S<sup>te</sup> Thérèse, celle qui porte une parcelle de son vêtement. *Aussitôt, le sapin s'est éteint de lui-même* et les flammèches qui pleuvaient sur le chalet-hôtel, cessant de tomber, se sont élevées en haut et *ont formé un dôme au-dessus de la toiture.*

Ainsi le danger affreux dans lequel nous étions a-t-il été écarté. De l'avis de tous les hôtes (une quarantaine de personnes), c'est un vrai miracle. Plusieurs de ceux qui ignoraient notre recours à S' Thérèse ont de suite proclamé la bonté de la Providence.

Pour moi, dès que l'image a été jetée dans le brasier, je n'ai pas eu le moindre doute sur l'intervention puissante de l'Ange de Lisieux, j'étais sûre qu'elle allait nous secourir. E. G.

La lettre d'un second témoin oculaire confirme le récit qui précède.

### 47.

A. (Belgique), 6 août 1911.

Ma femme souffrait, depuis 5 ans environ, d'un mal à la main que les médecins ne pouvaient guérir et qui présentait les caractères de l'eczéma. Parfois la main était toute crevassée et lui faisait bien mal. De nombreux remèdes furent employés, mais tous inutilement. Certains travaux étaient devenus impossibles, les médecins interdisant le contact de l'eau.

Nous avions perdu tout espoir de guérison, lorsqu'à l'Abbaye de X. (où j'ai une sœur et une tante Bénédictines) on nous donna une relique de S' Thérèse de l'Enfant-Jésus.

Le lendemain, nous commençâmes une neuvaine et toutes les nuits la relique fut bandée sur la main malade. Le 9$^{me}$ jour, à notre grande surprise, en enlevant le bandage, il sortit de la main une espèce de vapeur qui fut suivie d'une forte démangeaison, présage de guérison.

Nous commençâmes aussitôt une seconde neuvaine qui eut pour résultat une guérison complète.

Cette guérison était d'autant plus surprenante que, depuis que nous avions mis toute notre confiance en la petite S' Thérèse, ma femme n'avait plus tenu compte ni des remèdes du médecin, ni de sa défense au sujet du contact de l'eau.

Nous promîmes une neuvaine d'action de grâces ; mais, par suite d'occupations plus nombreuses, la neuvaine resta dans l'oubli et le mal reparut. Cet incident nous rappela notre promesse : la neuvaine fut commencée de suite et, au cours des neuf jours, le mal disparut pour ne plus revenir.

Cela nous prouve combien au Ciel on aime la reconnaissance.

Voilà quatre mois que nous rendons grâce à notre chère bienfaitrice.

Suivent les noms de M. et M$^{me}$ X., l'attestation de M. le Curé d'A., témoin du mal incurable et de la guérison, avec le cachet de la paroisse, les signatures des deux religieuses bénédictines et le certificat médical.

### 48.

X. (Loiret), 7 août 1911.

(Après avoir fait le récit de la guérison de son frère atteint d'une angine de poitrine, guérison obtenue par la protection de S' Thérèse, M$^{me}$ D. continue) :

Il me reste à vous dire, ma Révérende Mère, comment votre petite sainte aimée, après avoir *sauvé* le frère, — le mot ne me paraît pas trop fort — *sauva* la sœur.

Le 6 mars, devant quitter Paris, j'allai chez un de mes parents pour lui faire mes adieux. Au moment de prendre congé, sortie sur le palier, j'obligeai ce parent, qui était malade, à rentrer chez lui et je fermai un peu vivement la porte. Que pensais-je ? Je fis un ou deux pas à reculons, m'imaginant le palier beaucoup plus vaste, lorsque, me croyant encore éloignée de l'escalier, je mis le pied droit dans le vide. J'eus un éclair d'angoisse indescriptible ! C'était la mort, la tête la première en bas !

Mais, à peine cette pensée m'avait-elle traversé l'esprit que je me sentis saisie comme à bras-le-corps et, brusquement, retournée sur moi-même, ce qui me fit tomber le long du mur, à genoux sur les premières marches. Je me relevai toute tremblante.

Je ne puis rendre l'impression que me causa la façon dont je fus saisie, bien invisiblement sans doute, mais si réellement cependant ! J'eus en même temps la certitude que c'était ma chère petite sainte (dont je porte sans cesse sur moi la relique) qui m'avait ainsi saisie avec une sorte de brusquerie affectueuse. Le fait est qu'il n'y avait pas à balancer, puisque mon pied était déjà dans le vide !

Personne, dans la maison, ne s'aperçut de ce qui s'était passé. Je rentrai chez mon frère l'âme remplie d'une indicible émotion et d'une profonde gratitude. A. D.

### 49.

Paris, 12 août 1911.

Très malade du foie depuis un an, j'avais consulté inutilement un grand nombre de docteurs ; mes crises étaient fréquentes et toujours plus douloureuses ; rien à la fin n'arrivait plus à les calmer. J'étais, le mois dernier, dans un état de complet découragement ; on parlait de m'opérer, comme étant la seule délivrance possible, mais pleine de risques.

C'est en ce moment que ma sœur, en relation avec une Carmélite qui lui avait parlé de Sr Thérèse, me conseilla de commencer avec elle une neuvaine, ce que je fis bien ardemment.

Cependant, les douleurs reviennent plus fortes. Je suis toujours terriblement jaune et faible de n'avoir pris aucune nourriture depuis si longtemps. Mais, malgré mes souffrances, j'ai grande confiance en ma sainte chérie que j'invoque, et j'écoute à peine les conseils du docteur. Enfin, le jeudi, 8ᵐᵉ jour de la neuvaine, je me lève, subitement mieux ; si l'on ne m'en avait empêchée, je me serais habillée et aurais pu sortir, tant je me sentais forte.

Oh ! cette sensation de délivrance du mal ! et surtout *l'impression très nette d'une influence surnaturelle*, je ne l'oublierai jamais !

Le jour suivant, au grand étonnement de tous, j'étais gaie, *absolument guérie*, transformée du jour au lendemain.

Depuis ce moment, fin juin, je me suis admirablement bien portée, sans aucune médication, me sentant comme débarrassée d'un poids qu'une main mystérieuse m'a enlevé.

Je garde à ma chère bienfaitrice un culte de reconnaissance. Moi qui avais oublié la prière, je me remets à aimer Dieu ; S' Thérèse a fait renaître ma foi.
H.

### 50.

Monastère des Clarisses, X. (Belgique), 20 août 1911.

Il y a eu trois ans à Pâques que notre chère Sœur Françoise a commencé à ressentir des douleurs dans le dos, et le 4 octobre suivant, le docteur lui a fait des pointes de feu pour la première fois. Depuis lors, quand les plaies étaient guéries, on recommençait d'autres pointes de feu ; aussi cette pauvre Sœur a-t-elle le dos entièrement couvert de brûlures. Elle souffrait donc de très grandes douleurs dans le dos, et chaque fois qu'elle tirait l'aiguille (elle cousait toujours), c'était une nouvelle souffrance ; mais elle avait demandé au bon Dieu de lui conserver une bonne mine afin que sa souffrance ne fût connue que de lui seul. Elle fut pleinement exaucée.

La maladie augmentait toujours, et le docteur nous avait dit que Sœur Françoise avait la tuberculose dans les vertèbres et qu'elle ne guérirait pas. — Depuis huit mois, elle ne pouvait plus marcher ; chaque jour, le prêtre allait lui porter la sainte Communion à l'infirmerie ; nous lui avions fait faire une petite voiture afin de pouvoir la conduire à l'église, au parloir, à la cour, etc. Notre malade était heureuse de souffrir pour les pécheurs et ne pensait pas à demander sa guérison ; elle ne désirait qu'une chose : conserver l'usage de ses mains afin de pouvoir continuer à rendre service à la communauté.

Comme on parle beaucoup des grâces nombreuses obtenues par l'intercession de S' Thérèse de l'Enfant-Jésus, notre R⁵⁵ Mère Abbesse conseilla à Sœur Françoise de faire une neuvaine à la petite sainte pour lui demander sa guérison. Notre Sœur se soumit simplement au désir de sa Supérieure et commença sa neuvaine à S' Thérèse. Elle avait dit ceci : « Si je ne suis pas exaucée après ma première neuvaine, je ne me découragerai pas, je continuerai les neuvaines jusqu'au 30 septembre, jour anniversaire de la mort de la Servante de Dieu, et j'ai confiance que, ce jour-là, je serai guérie. »

La première et la seconde neuvaine n'amenèrent aucun résultat. Entre temps, S' Françoise, aidée de son infirmière, essayait de se lever, mais elle devait toujours constater la même impuissance. Sans se décourager, elle disait : « C'est que ce n'est pas encore le moment du bon Dieu. »

Le 1ᵉʳ jour de la troisième neuvaine, vers 7 heures du soir, l'infirmière, après avoir soigné et couché sa malade, était sortie quelques instants ; Sœur Françoise entendit alors une voix intérieure qui lui dit : « *Levez-vous.* » Elle répondit : « Et si je tombe, qui me relèvera ? » Mais elle se reprocha immédiatement ce manque de confiance et dit : « S' Thérèse de l'Enfant-Jésus, si c'est vous qui m'avez parlé, je vous demande pardon de n'avoir pas obéi tout de suite, maintenant aidez-moi à me lever. » Elle sortit de son lit et fit quelques pas dans l'infirmerie. Puis, appelant son infirmière : « Sœur Madeleine, venez voir comme je fais des progrès ! » L'infirmière accourut et ne put en croire ses yeux ; dans sa surprise mêlée de frayeur, elle suivait sa malade, marchant derrière elle les bras ouverts, prête à lui porter secours si elle venait à tomber.

Sœur Françoise, qui avait le dos si sensible, qui ne savait comment se coucher, qui ne pouvait supporter sur le dos la plus légère couverture, ne ressent plus maintenant aucune douleur.

Dès le lendemain de sa guérison, elle alla à la messe, et depuis, elle suit tous les exercices de la Communauté.    S$^r$ X.

La guérison s'est parfaitement maintenue jusqu'à ce jour ; le médecin qui l'a reconnue verbalement a promis une attestation écrite.

---

**51.**

T. (Mayenne), 22 août 1911.

En février dernier, Marthe B., âgée de 15 ans, tomba gravement malade. Plus d'appétit, fièvre excessive, nuits agitées. Le mal fit de rapides progrès, et au bout de trois semaines, la jeune fille était devenue d'une maigreur effrayante. Seul, le ventre prenait des proportions extraordinaires. La malade était complètement alitée. Le docteur se prononça alors pour une péritonite tuberculeuse.

A ce moment, nous allâmes visiter la pauvre petite. Mais avant de quitter l'école, mes yeux tombèrent sur la brochure « *Appel aux petites Ames* », et tout de suite l'idée me vint que S$^t$ Thérèse pourrait bien opérer cette guérison ; pleine de confiance, je portai le petit livre à la malade que je trouvai méconnaissable. Les parents étaient affolés, car le médecin, voyant l'inutilité de son traitement, avait parlé d'une opération.

C'est alors que nous commençâmes une neuvaine à la petite sainte (11 mai). Hélas ! durant ces neuf jours, le mal ne fit qu'augmenter. La mère, femme de foi très vive, dit à sa fille : « Nous ne sommes pas exaucées parce que nous prions mal. Recommençons une autre neuvaine, et je ferai dire une messe en l'honneur de S$^t$ Thérèse de l'Enfant-Jésus. » Cette messe fut dite par M. le Curé au cours de la seconde neuvaine, le 27 mai.

« A partir de la promesse de cette messe, dit la mère, l'état de ma fille fut de moins en moins satisfaisant, comme si la Servante de Dieu voulait mettre ma confiance à l'épreuve ; mais j'ai toujours espéré, même lorsque le médecin me laissait voir clairement qu'il jugeait mon enfant perdue. »

Le vendredi 26 au soir, Marthe fut prise d'un tremblement qui dura plus d'une heure. La fièvre avait augmenté, et la nuit fut si mauvaise que la pauvre petite n'eut pas un instant de repos. Malgré cela, M$^{me}$ B. quitta sa fille, le samedi matin 27, pour assister à la messe qu'elle avait promise à S$^t$ Thérèse. A son retour, elle la trouva dormant d'un paisible sommeil.

Quelques instants après, la malade qui, depuis longtemps, ne pouvait plus supporter la plus légère nourriture, — même, en ces derniers jours, le lait et le bouillon — voulut manger, comme tout le personnel de la ferme, une soupe au lard qui ne lui fit aucun mal. A partir de ce moment, le mal cessa comme par enchantement, l'enflure disparut et les forces revinrent à vue d'œil. Dans la semaine qui suivit, Marthe augmenta de deux kilos, et le docteur fut stupéfait de cette rapide guérison.

La jeune fille s'est maintenue en bonne santé, et aujourd'hui elle vaque aux soins du ménage avec un entrain inaccoutumé. Le souvenir de sa céleste bienfaitrice ne la quitte guère, et nous espérons fermement que Sʳ Thérèse lui continuera sa protection.

Tous ceux qui l'ont approchée durant sa maladie sont unanimes à reconnaître l'intervention de la Servante de Dieu.

Suivent les signatures de la jeune fille, de ses parents, de 6 témoins et de M. le Curé de T.. avec le cachet de la paroisse.

## 52.

Tours, le 27 août 1911.

Le 13 juillet dernier, alors que je séjournais à Finhaut (Suisse, Valais), je fus pris, à la suite d'une indisposition d'estomac, d'une forte crise d'étouffements que je croyais due à l'asthme dont je suis atteint depuis l'âge de cinq ans.

Vers les 3 heures du soir de ce même jour, alors que ma crise semblait à peu près passée, j'eus une nouvelle et terrible suffocation : mon thorax sembla s'immobiliser et mon cœur cesser de battre; je devins violet en deux minutes. On me fit alors, pour me calmer, plusieurs piqûres de morphine. A la suite de ces piqûres, je tombai dans le coma le plus complet.

Le bon et dévoué Curé de l'endroit, qu'on avait prévenu, jugeant par lui-même et d'après le diagnostic du docteur de la gravité de ma situation, me donna l'absolution, l'Extrême-Onction et récita les prières des agonisants. Tout effort étant inutile, je restai sans intervention médicale pendant le reste du coma, c'est-à-dire pendant plus de 2 heures.

Le médecin trouvait mon cas mortel. « Attendez encore une heure, disait-il, et vous n'aurez qu'un seul télégramme à envoyer à ses parents : Votre fils décédé. »

Voici l'état affreux où je me trouvais : la saignée pratiquée à mon bras gauche n'avait produit aucun écoulement de sang; la partie de mon corps comprise entre la tête et la région cardiaque était froide; seule la partie inférieure décelait encore une certaine tiédeur, en partie due, je le crois, au bain bouillant dans lequel on me maintenait les jambes; mon cœur battait faiblement pendant un quart d'heure, puis se ralentissait, et ses battements restaient pour ainsi dire nuls pendant un autre quart d'heure; mes yeux, entièrement vitreux, se couvraient d'un voile violacé; les sinapismes ne prenaient plus. Resté assis dans mon fauteuil, j'étais raide comme une barre de fer; je n'esquissais pas le plus petit mouvement, même fébrile, et je râlais. Bref, c'étaient les signes caractéristiques de l'agonie. Il était environ 6 heures et demie. On me posa alors l'image de Sʳ Thérèse sur le visage, promettant en mon nom, si l'image me réveillait, de relater le fait au Carmel de Lisieux. Un instant après, sans donner le moindre signe précurseur du réveil, je sors subitement du coma en faisant un grand signe de croix, recouvrant aussitôt le mouvement, la parole, la connaissance, la sensibilité. Seule la vue restait un peu embrouillée, mais cela ne dura qu'un moment.

On m'annonçait une convalescence d'au moins quinze jours ; or, après six jours seulement, je me trouvais en état de reprendre ma nourriture et mes promenades habituelles.

Permettez-moi, ma Révérende Mère, de vous exprimer le désir immense que j'ai de posséder un souvenir de S'· Thérèse de l'Enfant-Jésus ; il serait pour moi et les miens, j'en suis certain, une sauvegarde contre tous les maux du corps et de l'âme.

Georges GIBERT.

Suivent l'attestation de M. le Curé de Finhaut, qui administra M. Gibert, et les signatures des personnes qui l'ont soigné.

## 53.

J'ai une très grande dévotion à mon Ange gardien, et, depuis quarante ans, je l'honore par de fréquentes pratiques ; j'ai en particulier l'habitude, lorsque je franchis une porte ou un passage étroit, de le prier de passer devant moi.

Ayant appris à connaître et à aimer S'· Thérèse de l'Enfant-Jésus, je fus charmé de sa doctrine et m'efforçai de la faire mienne. Un désir ardent me vint alors de savoir si j'étais bien dans sa voie, si le bon Dieu était content de moi et je lui demandai de m'en donner un signe : ce signe, ce serait de me faire voir mon Ange gardien que j'aime si tendrement.

Or, un matin d'avril ou mai dernier, me réveillant vers l'aurore, je vis debout au pied de mon lit un être mystérieux, d'une beauté surhumaine : il était très grand, et plus encore majestueux. Il avait des ailes comme on en attribue aux Anges et me regardait d'un air céleste ; il était tout resplendissant d'une lumière argentée.

En même temps, je sentis près de lui la présence de S'· Thérèse, et j'aperçus même comme le bord de sa robe, illuminé des mêmes feux argentés. Je la devinais souriante, mais elle s'effaçait pour attirer mes regards sur mon bon Ange qu'elle me présentait. Près d'elle aussi, j'aperçus deux petits pieds d'enfant venant vers moi, puis retournant vers elle, et je crus comprendre que cette vision était allégorique et signifiait la puissance de votre petite sainte sur l'Enfant-Jésus, dont elle semblait faire ce qu'elle voulait.

Mon bon Ange ne me dit rien, mais je pus le contempler à mon aise, car l'apparition dura assez longtemps.

Je me gardai bien d'en rien dire à personne ; mais dans le courant de juin, je lus le miracle des apparitions de Gallipoli, et, y découvrant la « lumière d'argent transparent », je reconnus tout de suite la lumière de S'· Thérèse que j'avais vue moi-même et pris la résolution d'imiter la R$^{de}$ Mère Carmela en vous confiant la grâce dont j'ai été l'objet.

Ma Révérende Mère, il me semble pouvoir vous dire que vous pouvez croire à ma confidence. Je ne suis pas un visionnaire, et je suis même très peu crédule en ces sortes de choses. C'est la première fois de ma vie, d'ailleurs, que j'ai à signaler une grâce de cette nature. J'ai pourtant 65 ans...

Ce récit a été fait au Carmel de Lisieux, le 28 août 1911, par M. l'abbé X.... chanoine honoraire, directeur de l'Ecole secondaire de X... (France).

## 54.

Dublin (Irlande), 29 août 1911.

Une jeune Irlandaise, Françoise Murphy, fut, à l'âge de 7 ans, atteinte d'un mal de jambe très grave. Le docteur fut appelé et déclara ne pouvoir rien faire pour elle, car le mal était la tuberculose. L'enfant fut alors transportée à l'hôpital où elle subit une opération très sérieuse : cependant, le chirurgien, homme très savant et très habile, assurait que le mieux apporté par l'opération ne durerait pas toujours. Il avait raison, car, deux ans après, le mal reparut plus grave que jamais : quand une plaie se fermait, l'autre s'ouvrait, et il y avait un continuel épanchement de pus. Françoise subit alors deux nouvelles opérations, l'os fut gratté, et finalement on enleva une partie de la chair vive. Puis, l'enfant ne guérissant pas, les médecins demandèrent à la mère de leur laisser faire l'amputation de la jambe. La mère s'y étant refusée, les médecins abandonnèrent la petite malade, la considérant comme incurable.

Françoise rentra alors dans sa famille. A l'âge de 11 ans, elle fut transportée à nouveau dans un hôpital, l'hôpital catholique des enfants, à Dublin. Là, elle subit une autre opération : une partie de l'os et un peu de chair vive furent enlevés, et après quelque temps, elle fut ramenée à la maison ; la jambe avait raccourci et n'atteignait plus que le mollet de l'autre jambe. La pauvre enfant était obligée de se servir de béquilles. Il y avait au milieu du genou un trou que l'on devait tamponner avec de la ouate qu'il fallait changer tous les jours, afin d'y appliquer un nouveau pansement.

Il y a un mois environ, on fit une neuvaine à la « Petite Fleur » pour obtenir la guérison de la pauvre infirme qui a maintenant 19 ans. Or, depuis la neuvaine, non seulement la plaie profonde du genou a disparu, non seulement la jambe est parfaitement guérie, mais encore elle a allongé jusqu'à la cheville de l'autre pied.

Gloire à la « Petite Fleur » de Jésus ! X.

## 55.

Berzée (Belgique), 29 août 1911.

Des circonstances vraiment providentielles m'ont amené à restaurer le culte séculaire de Notre-Dame de Grâce et de l'instaurer dans notre église paroissiale, modeste église de campagne. Vous allez constater avec bonheur que votre chère petite sainte aura mis une des plus belles pierres à cet édifice élevé à la gloire de Marie, Mère de Grâce, et pour la consolation en même temps que la sanctification des âmes.

Le dimanche 9 juillet dernier, nous avions le premier grand pèlerinage au sanctuaire de Notre-Dame de Grâce. Il comptait 3.000 pèlerins. Ce fut un beau et grand triomphe pour la sainte Vierge.

M<sup>me</sup> Meunier, de Cour-sur-Heure, femme d'une grande piété et d'un rare dévouement aux œuvres religieuses, avait beaucoup contribué à ce succès. A l'heure de la procession générale, au moment du départ de la

*Pluie de Roses.*

procession de Cour-sur-Heure pour se rendre à Berzée, M™° Meunier qui, le matin, avait communié ici et assisté à l'office, fut frappée d'apoplexie. Cet accident, compliqué d'un état d'albuminurie, fut excessivement grave et mit la malade en grand danger de mort. Ce fut, dans la localité, une consternation générale et une réelle stupeur; cette personne est si aimée et si vénérée !

Pour nos adversaires, ce fut l'occasion de pousser un cri de joie et de triomphe : « Voilà, dirent-ils, le miracle de Notre-Dame de Grâce ! » Quelle épreuve pour notre foi qui ne doutait de rien !

Le lendemain, je vis la pauvre malade paralysée et percluse de ses membres. « Quelle grande grâce la très sainte Vierge m'a faite ! me dit-elle : j'avais peur de mourir, et maintenant la mort me semble si douce. Que la volonté de Dieu soit faite ! »

Pendant dix jours, M™° Meunier resta sans prendre la moindre nourriture, sans pouvoir trouver de sommeil, sans cesse menacée d'une nouvelle congestion qui aurait inévitablement causé la mort. Après ces dix jours, ne constatant aucun changement, aucune amélioration dans l'état de la malade, nous lui avons proposé de demander sa guérison au bon Dieu par l'intercession de Notre-Dame de Grâce ; cette guérison confirmerait la valeur réelle de cette belle dévotion et attesterait en même temps la réalité de tant de faveurs spirituelles et temporelles attribuées à Marie Mère de Grâce, invoquée spécialement en notre église.

La pensée nous vint alors de choisir S' Thérèse de l'Enfant-Jésus comme médiatrice auprès de la sainte Vierge, et une relique de la petite sainte fut donnée à la malade.

Le lundi 14 juillet, nous commençâmes une fervente neuvaine. La famille de M™° Meunier se réunit le soir dans sa chambre pour réciter avec elle les premières prières. Elle eut à ce moment une crise terrible, puis entra aussitôt dans un très doux sommeil, le premier depuis le jour de l'accident. Son fils resta près d'elle toute la nuit et fut remplacé vers le matin par son père. Celui-ci, à 5 heures, sortit un instant, et, rentrant dans la chambre, constata que la malade avait fait un mouvement. Il s'approche et lui demande ce qui s'était passé; alors, se réveillant, elle dit : « Je suis guérie ! » Et comme son mari reste incrédule, l'infirme, la percluse lève le bras et fait le signe de la croix. M. Meunier, stupéfait, mais non pleinement convaincu, s'inquiète si la jambe est aussi guérie. Alors sa femme sort du lit, se dresse, marche, appelle tout le monde de la maison...

Il se produisit une scène indescriptible : on se mit à genoux pour réciter le chapelet et les litanies de la sainte Vierge. Puis la miraculée se mit à table, prit de la nourriture, demanda du travail et prouva de toutes les façons que réellement elle était bien guérie.

Stupéfaction du médecin qui, après un minutieux examen de la malade, déclare cette guérison subite, radicale, vraiment extraordinaire.

Toute la population de Cour-sur-Heure arriva, dès le lendemain, au sanctuaire de Notre-Dame de Grâce, afin d'y témoigner sa gratitude pour le miracle accordé par l'intercession de la céleste petite sœur.

Abbé Prélat, *curé de Berzée.*

## 56.

A. (Loire Inférieure), 30 août 1911.

J'étais atteinte depuis quatre mois d'une maladie de cœur, accompagnée de congestion pulmonaire. Mon état était si grave que l'on me voyait toujours mourante et faisant mes dernières recommandations. J'étouffais continuellement et j'étais enflée par tout le corps.

Deux de mes amies étaient allées pour moi à Lisieux en pèlerinage au tombeau de S' Thérèse de l'Enfant-Jésus, vers la fin de juin. Depuis ce moment je l'avais invoquée chaque jour, lui disant que s'il me restait encore un peu de vie, je serais heureuse de propager l'image de la Sainte Face.

Cette petite sainte eut pitié de moi et m'obtint un miracle que je n'aurais jamais osé demander : à 71 ans on ne demande plus à guérir, mais à mourir !

Le 16 juillet donc, sentant un soulagement extraordinaire au cœur, je m'endormis tout allongée, la tête plutôt basse, moi qui devais rester assise dans mon lit, sous peine d'étouffer.

La garde, entrant dans ma chambre, eut un premier moment de frayeur, me croyant morte, comme on s'y attendait sans cesse. S'approchant, elle vit que je dormais et respirais librement ; elle prévint la bonne qui fut, elle aussi, bien surprise. A mon réveil, elles me demandèrent si je n'étais pas gênée : « Pas du tout, leur dis-je, je sens un mieux extraordinaire. »

A partir de ce moment je sentis des picotements par tout le corps ; et l'eau qui enflait mes membres et me rendait énorme s'en alla si rapidement que lorsque le docteur vint deux jours après, il fut très surpris de voir mes jambes sèches comme un morceau de bois. Il me dit : « Et le cœur ? — Auscultez-le ! » lui répondis-je. On lui donna une serviette et après m'avoir auscultée, il jeta la serviette au pied du lit, disant : « Je suis tué !... vous avez le cœur comme il y a dix ans, et plus de congestion aux poumons ! Que faites-vous ? — J'ai cessé tout remède. — Si vous mangez salé, je signe le miracle : deux grains de sel suffisent pour faire pencher la balance.. »

Aussitôt, je me mis à manger salé, très salé. J'ai mangé des grammes et des grammes de sel et aucune enflure n'a reparu.

J'ai eu, depuis, une crise d'estomac amenée par un excès de suralimentation, mais elle n'a produit aucun changement dans la guérison obtenue par le miracle.

Gloire à notre petite S' Thérèse qui tient si bien sa promesse en faisant le bien sur la terre !

Ce même jour du 16 juillet, à la procession du Saint Sacrement, lorsque le prêtre descendait de l'autel, ma dévouée servante ressentit en elle quelque chose d'extraordinaire, comme un tressaillement de joie, et elle entendit une voix lui disant : « *Ta Maîtresse va guérir !* »

P.

*Pluie de Roses.*　　　　　51

**57.**

Uzès (Gard), septembre 1911.

Le 29 juillet 1911, mes enfants se trouvaient réunis au 1ᵉʳ étage de notre maison, dans une pièce au milieu de laquelle se trouve un dôme vitré, placé à 4 mètres de hauteur, au-dessus de la cuisine et servant à donner du jour à celle-ci.

En jouant, l'aînée, Marguerite, âgée de 6 ans, perdit l'équilibre. Tombant alors sur le dôme, elle en brise les vitres, passe au travers et va s'abattre sur la table de la cuisine où se trouve un hachoir qu'elle entraîne avec elle jusqu'à terre et qui lui fracture le crâne.

On relève alors la petite fille, elle ne donne pas signe de vie. Le docteur, appelé en toute hâte, n'ose se prononcer ; il constate que le crâne est fêlé, il y a une plaie à la tête, et l'oreille gauche est devenue toute noire. — Toutes les personnes présentes supposent qu'elle ne passera pas la nuit.

« Je voudrais me tromper, dit le docteur le lendemain, mais il y a tous les symptômes d'une méningite. » L'enfant avait la fièvre à 39°.

Le surlendemain 31 juillet, la Rᵈᵉ Mère Prieure du Carmel d'Uzès, apprenant l'accident, nous envoie une relique de Sʳ Thérèse de l'Enfant-Jésus, et je la pose sur la tête de ma petite Marguerite.

A partir de ce moment, il se produit un grand mieux extraordinaire que le docteur constate, le 1ᵉʳ août, avec un étonnement visible. « Dans un pareil cas, affirme-t-il, il n'y avait aucune chance de guérison. »

Or, trois jours après, l'enfant était sur pied, ne se ressentant plus du tout de l'accident. C'est ce que j'atteste, ainsi que toutes les personnes qui ont été présentes, et pensent avec moi que, sans un vrai miracle, ma pauvre petite serait morte.

　　　　　　　　　　　　　　　　　　　　　　　X.

**58.**

Bernay (Eure), septembre 1911.

Le petit Fernand X., âgé de 4 mois, était atteint de méningite, et le médecin le déclarait perdu. Les parents, qui avaient déjà vu mourir un enfant de la même maladie, étaient dans la désolation. Affolés, ils pensèrent aller consulter un autre docteur à Lisieux (ils habitent N.). Mais au moment où ils montaient en voiture pour réaliser leur projet, une personne qui tenait à la main un « Appel aux petites âmes » le leur donna en disant : « Tenez, prenez-moi cela et lisez-le en chemin ; et au lieu de conduire votre enfant au médecin, portez-le sur la tombe de Sʳ Thérèse. » Ce qui fut fait. Le pauvre petit était presque moribond, il souffrait atrocement de convulsions terribles, si bien que, sur la tombe, la pauvre mère le croyait mort. Mais un changement prodigieux survint, et, au retour, lorsque le médecin examina l'enfant, il fut littéralement stupéfait en constatant qu'il était guéri... C'était le lundi de la Pentecôte.

Le père, à la vue d'un tel prodige, fut profondément remué. Il ne permet plus, comme cela lui arrivait autrefois, qu'on dise du mal de la religion en sa présence.

X. Oncle de l'enfant.

Suivent la signature de la mère et de plusieurs témoins, et le certificat du docteur, attestant que son pronostic avait été « des plus sombres » et que l'enfant est complètement guéri.

### 59.

Carentan (Manche).

Je reconnais que ma fille Odette, âgée de deux ans et demi, ne marchait pas encore. Nous sommes allés, ma femme et moi, en pèlerinage sur la tombe de S' Thérèse de l'Enfant-Jésus et avons fait porter à notre enfant une fleur cueillie sur cette tombe. Le jour même, 6 juillet 1911, notre petite fille a marché.

X.

### 60.

Dalkey (Irlande), 4 septembre 1911.

En 1909 — j'avais alors 25 ans — je fus envoyée dans un de nos couvents d'Angleterre.

Le 9 mars, je fus atteinte d'une maladie de cœur très sérieuse et dus garder le lit pendant environ trois semaines. Le jour de Pâques et les deux jours suivants, je me trouvai mieux, et pus assister à la Messe ; mais j'eus une rechute qui mit mes jours en danger.

Je n'avais jamais souffert des yeux, mais pendant ma maladie, ils devinrent si malades que je ne pouvais ni lire ni écrire. Un jour que je désirais beaucoup écrire une lettre, j'essayai de le faire, mais je dus l'abandonner, tant mes yeux me faisaient souffrir.

Je venais de renoncer à tout espoir de guérison, lorsqu'une lettre de ma tante m'apporta une relique de la « Petite Fleur ». Ma tante disait en même temps qu'elle et plusieurs autres personnes faisaient une neuvaine à S' Thérèse pour demander ma guérison. Aussitôt, j'appliquai la précieuse relique sur mes yeux et, au même instant, me sentis guérie. Il était à peu près midi et demi. J'écrivis la lettre que j'avais vainement essayé d'écrire, je lus ensuite jusqu'à six heures sans aucune fatigue ; et depuis ce moment, je n'ai plus du tout souffert des yeux.

S' X.

### 61.

X. (France), 5 septembre 1911.

Une de mes paroissiennes, âgée de 26 ans, dut, le 8 janvier dernier, se rendre à X. à la clinique chirurgicale du docteur *** pour y subir une grave opération.

Cette dame n'était rien moins que fervente ; elle ne pratiquait pas, venait à la Messe aux toutes grandes fêtes, et encore !... Quant aux Pâques, il n'en fallait pas parler.

A ma grande surprise, elle vint, avant de partir, me prier de la réconcilier avec le bon Dieu, et je profitai de la circonstance pour lui conseiller de se mettre sous la protection de S' Thérèse. Elle suivit docilement ce conseil ; elle comprit que l'heure était aux pensées sérieuses, et elle fit le sacrifice de sa vie.

L'opération eut lieu le surlendemain de son arrivée, c'est-à-dire le 10 janvier ; elle fut très longue et très douloureuse car on n'endormit la malade qu'à toute extrémité. Celle-ci s'était complètement résignée à la volonté du bon Dieu ; elle ne cessa de prier avant et pendant l'opération, et mit toute sa confiance en la sainte Vierge et S' Thérèse. Elle obtint de la sorte un courage extraordinaire qui l'aida à supporter sans se plaindre les douleurs très grandes de l'opération, laquelle, contrairement à ce que l'on pouvait craindre, se termina à l'entière satisfaction des docteurs.

Le surlendemain, 12 janvier, vers six heures du soir, la malade, qui était seule à ce moment, remarqua tout à coup près de son lit une religieuse qu'elle reconnut bientôt pour être votre petite Sainte : « O mon Dieu, s'écria-t-elle, S' Thérèse de l'Enfant-Jésus ! » Mais, dans son trouble, elle ne songea pas à lui adresser la parole. La visiteuse demeura quelques instants, regardant la malade d'un air de protection ; comme une mère, elle se pencha sur elle, puis disparut.

Vous devinez, ma Révérende Mère, l'émotion indicible qui s'empara d'elle après cette visite. Mais elle n'en parla à personne, pas même à moi qui allai la voir un ou deux jours après. Elle se contenta de demander aux Sœurs de la clinique la Vie de S' Thérèse. Je n'appris le fait que beaucoup plus tard, d'une façon vraiment providentielle par l'enfant même de la malade qui avait entendu sa mère parler de cette vision à sa grand'mère, et me la raconta tout naïvement. Intrigué, j'allai trouver de suite M"" X. qui me fit le récit que vous venez de lire.

J'attendis, voulant voir si la conversion que je soupçonnais était bien réelle. Or, dès que la malade put venir à l'église, elle y revint, et, malgré les mauvaises langues qui disaient que cela ne durerait pas, elle a persévéré et n'a pas encore manqué ni la Messe ni les Vêpres. Elle a non seulement fait ses Pâques, mais elle a communié plusieurs fois depuis. Bref, la conversion s'accentue, se parfait, car S' Thérèse semble continuer sa douce protection à celle qui ne manque pas un jour de l'invoquer.

Le mari, lui aussi, profite de cette assistance. Autrefois blocard enragé, il a donné sa démission de conseiller municipal, ne voulant plus avoir aucun rapport avec les ennemis de Dieu.

Je ne puis donc que remercier la chère petite S' Thérèse de la rose qu'elle a encore fait tomber sur ma paroisse.

Abbé X., curé.

---

**62.**

X. (Canada), 6 septembre 1911.

Permettez-moi, ma Révérende Mère, de vous relater plusieurs faveurs obtenues par l'intercession de votre chère S' Thérèse de l'Enfant-Jésus.

Un sauvage, marié à une Canadienne et père de cinq enfants, ne s'était pas approché de l'église et des sacrements depuis 15 ans et s'était adonné à l'ivrognerie. — Il y a deux mois, un dimanche, sa femme vint nous trouver tout en pleurs : son mari était rentré ivre, s'était mis à l'injurier et menaçait de la tuer. Nous lui donnâmes alors une image de S' Thérèse en lui conseillant de prier beaucoup cette petite sainte, qu'elle viendrait sûrement à son secours.

O prodige! Le dimanche suivant, la famille entière était à la messe, sur l'ordre du mari, lequel m'a fait demander un chapelet et un scapulaire. Depuis ce temps-là, c'est-à-dire depuis deux mois, ce pauvre sauvage ne boit plus.

Autre fait. — Une mère de famille était tombée subitement malade par une insolation. Elle souffrait violemment dans la tête. Nous lui donnâmes une image de S' Thérèse, et, aussitôt qu'elle l'eut appliquée sur sa tête, ses douleurs disparurent. En même temps, elle et son mari sentirent un parfum délicieux dont ils ne peuvent s'expliquer la nature.

C. G.

## 63.

S. (Seine-et-Marne), 7 septembre 1911.

Aujourd'hui, dernier jour de la neuvaine, je viens vous remercier des prières que vous avez bien voulu faire avec nous à votre petite sainte. Le bon Dieu en a décidé autrement que je ne l'avais espéré ; que sa sainte volonté soit faite! La chère petite S' Thérèse a vu sans doute que mon fils était mûr pour le Ciel ; et si mon cœur est brisé, il est de mon devoir cependant de vous donner certains détails qui pourront contribuer à la gloire de votre chère sainte.

Le jeudi 31 août, je lisais la vie de S' Thérèse auprès de mon fils qui, depuis deux mois, souffrait extrêmement des intestins et de l'estomac où la tuberculose était descendue. Je m'arrêtais souvent pour recommander mon malade à votre cher Ange, et je posai sur son cœur une image avec une relique. A peine la relique l'eut-elle touché que toutes ses souffrances se sont calmées.

Mais bientôt le larynx fut lui-même atteint, et c'est alors que S' Thérèse aida mon cher enfant à souffrir avec une patience admirable. Un instant avant sa mort, j'étais assise près de son lit, tenant sa main dans la mienne, lorsque tout à coup je vis dans le ciel une nuée lumineuse et une forme de femme voilée qui s'inclinait. Je fis remarquer cette vision à une amie qui était près de moi et qui resta muette d'étonnement. Puis le regard mourant de mon cher enfant se dirigea vers moi, et, dans un sourire, il rendit son âme à Dieu... S' Thérèse était venue le chercher. Je l'avais tant priée !

Aussi, au milieu de ma douleur, je dis du fond de mon âme reconnaissante : Merci et gloire à S' Thérèse de l'Enfant-Jésus !

## 64.

C. (Italie), 18 septembre 1911.

M<sup>lle</sup> Michina P., âgée de 18 ans, demeurant à Naples, fut, la nuit du 23 juin 1911, frappée de tous les symptômes du choléra. C'était dans les jours où l'épidémie était des plus violentes, aussi l'épouvante du lazaret, ou de l'isolement de la famille, inspirait les plus secrètes mesures de prudence. Un frère de la jeune malade, lieutenant comptable, courut aussitôt à la recherche d'un médecin ; mais, malgré toute son activité et tous ses soins, il ne put l'avoir qu'à 1 heure de l'après-midi.

Il y avait neuf heures de passées depuis que le mal s'était déclaré. On peut s'imaginer l'état de la malade ; il était tel que le docteur en fut épouvanté, et il ordonna de la plonger à l'instant même dans un bain à 40°; mais, ajouta-t-il avec un accent de découragement, « je crains qu'elle n'en sorte pas vivante ! »

A ce triste pressentiment, M<sup>me</sup> P., la mère de la malade, frappée d'une nouvelle douleur, se tourna vers une image de la Servante de Dieu, S<sup>r</sup> Thérèse de Lisieux, que, peu de jours auparavant, elle avait reçue de l'une de ses filles, Sœur de Charité, et elle s'écria : « Chère Sœur Thérèse, tu n'es pas venue en vain dans ma maison. Dieu t'y a envoyée pour t'y faire opérer un miracle en notre faveur ; sauve ma fille ! » Ceci dit, pleine de confiance, elle enveloppa la pauvre enfant moribonde dans un drap et la plongea dans le bain, tandis que le pieux officier récitait avec ferveur une prière à la « petite Fleur ».

Et voici que la chère Michina commence à se mouvoir, s'agite, parle et sort seule du bain !...

Des larmes d'émotion s'échappent des yeux de tous les assistants. Le péril était conjuré !

O chère petite Fleur du Ciel ! sois bénie, toi qui daignes accorder tant de grâces pour manifester de plus en plus ta « Voie d'abandon et d'amour » en apparence si simple, et en réalité si sublime !    X.

Suit le certificat médical, en date du 10 novembre, déclarant M<sup>me</sup> X. atteinte du choléra, son cas « mortel », le pronostic porté également « mortel », et l'état actuel de santé de la jeune fille « excellent ».

## 65.

Charenton (Seine), 21 septembre 1911.

Une de nos petites pensionnaires, condamnée par plusieurs médecins, doit sa guérison à l'angélique S<sup>r</sup> Thérèse de l'Enfant-Jésus.

Le 18 septembre, par une belle et chaude journée, nos fillettes restées au pensionnat se dirigeaient joyeusement vers Saint Cloud. Aussitôt arrivées, elles s'installèrent pour déjeuner ; puis commencèrent les promenades, les courses folles, les ascensions des collines.

A l'appel de la Sœur surveillante, les plus éloignées se rapprochaient, les imprudentes, perchées au haut des buttes, en descendaient vivement. Mais l'une d'elles, la petite Hélène Dick, enfant de onze ans, tomba si maladroitement dans l'une de ces descentes, qu'elle se fendit profondément le menton et ressentit de si fortes douleurs d'entrailles qu'on dut la transporter presque inanimée chez un pharmacien, puis chez un médecin, qui rapprocha avec des agrafes les deux côtés de la plaie béante. L'enfant fut alors prise d'abondants vomissements de sang, qui faisaient craindre des lésions internes ; et c'est à grand'peine qu'on ramena la petite blessée jusqu'ici.

La nuit fut mauvaise, la pauvre enfant souffrait atrocement des entrailles. Notre docteur, appelé, constata un commencement de péritonite, avec perforation probable des intestins, mâchoire fracturée et dents cassées.

Nous la fîmes transporter à l'hôpital Saint-Joseph, où elle fut reprise de vomissements de sang. Les médecins de l'hôpital confirmèrent le diagnostic de notre docteur et déclarèrent l'état très grave, pour ne pas dire désespéré.

L'enfant fut administrée, et pendant 48 heures, des piqûres de sérum et autres lui furent faites comme seul remède, et sans beaucoup d'espoir. Le soir du second jour, la pauvre petite souffrait plus que jamais.

Mais, pendant ce temps-là, ses compagnes priaient jour et nuit, et, avec une grande ferveur, elles adressaient leurs supplications à S' Thérèse de l'Enfant-Jésus.

Et le troisième jour, la petite Hélène, ayant enfin trouvé quelques heures de sommeil, se trouva guérie à son réveil, à la grande stupéfaction des médecins qui s'écrièrent à l'envi : « Elle revient de loin ! » L'enfant déclara ne plus souffrir des entrailles et demanda à manger. En effet, on la palpa sans qu'elle ressentît aucune douleur ; on essaya de lui faire prendre des liquides, puis des aliments plus substantiels qui passèrent bien.

Le lendemain, elle se levait, et huit jours après elle nous était rendue, tout à fait bien portante, conservant seulement un peu de pâleur due à l'abondance du sang qu'elle avait perdu. — Au dire des médecins, l'enfant devait être défigurée, et c'est à peine si la cicatrice du menton est visible, on en cherche la trace.

Depuis lors, elle mange et dort bien, joue et court, saute comme ses compagnes, et travaille comme elles à la classe et à l'ouvroir sans ressentir aucune douleur, aucune fatigue. La guérison est complète, et nous la devons à la petite Carmélite de Lisieux, qui a déjà fait tant de miracles !

Gloire à Dieu !

Suivent les signatures de plusieurs religieuses et de M. le Curé de Charenton, et le certificat médical attestant le cas « d'une gravité extrême », « l'état général désespéré », constatant une « fracture compliquée du maxillaire inférieur », et certifiant l'état de l'enfant « bon au moment de la sortie de l'hôpital ».

## 66.

Iles Salomon (Océanie), 30 septembre 1911.

Le cher P. J. Coicaud est en ce moment à Malaïta, à essayer de faire une fondation, de fonder une station, pour mieux dire. Le R. P. Bertreux nous a confié Mala en même temps que Marau. Le Père Coicaud y a passé déjà quatre semaines, et il était tout étonné, à son retour, d'avoir encore sa tête sur les épaules. Ils ne sont pas commodes, les Malaïtiens !... Pourtant le P. Coicaud a été très bien reçu : le chef de la tribu est un excellent homme, très intelligent et très énergique ; il a bien quelques fredaines à son actif, mais à Mala, qui n'en a pas ?... Pour le nombre des personnes qu'il a aidé à rôtir et à manger, il lui serait difficile de le fixer ; ce qu'il sait bien, c'est qu'il a tué 12 personnes de sa propre main ; il y a un an à peine, il a encore tué une de ses filles pour faire enrager une de ses femmes !... Mais quel brave homme, à présent que Thérèse l'a converti ! « C'est fini maintenant, dit-il » ; il a fait baptiser une petite fille, le premier baptême fait à Mala, et cette enfant s'appelle... Devinez ?... THÉRÈSE !

Ce n'est pas tout. Sa conversion est bien complète, et il veut être baptisé, lui aussi. « Quel nom prendras-tu ? » lui demandait dernièrement le P. Coicaud. — « Je m'appellerai Michel, répondait-il, parce que, comme lui, j'ai tué le diable en moi. » Puis, après réflexion : « Tiens, non, Père, je m'appellerai Pierre parce que, comme saint Pierre, je suis le fondement de la religion à Mala. »

Comme vous le voyez, la conversion de ce bon chef est vraie et éclairée ; et elle est l'œuvre de Thérèse ! En effet, quand le bon P. Coicaud est allé à Mala pour la première fois, je lui ai donné deux reliques de S<sup>t</sup> Thérèse : une qu'il a mise dans sa case, l'autre qu'il a jetée dans l'île. Thérèse est donc dans la place : pourquoi s'étonner si 40 personnes y suivent déjà la religion catholique ?...

R<sup>d</sup> P. BERTHEUX,
*prêtre Mariste.*

## 67.

X. (Indre-et-Loire), octobre 1911.

Je tiens à vous faire connaître le secours que je reçus de votre petite Sainte, le 10 avril dernier.

Immobilisée dans mon lit, je fis dans cet état ma Communion pascale, le Lundi Saint, 10 avril. A cette époque, je fus reprise de la terrible maladie des scrupules qui, antérieurement, m'avait déjà bien fait souffrir ; je ne cédai pas cependant à mes scrupules et laissai venir le prêtre sans me confesser de nouveau. Je ne me rappelle pas avoir jamais autant souffert pour communier. Incapable de prier, et serrant sur mon cœur la petite relique de S<sup>t</sup> Thérèse que vous veniez de m'envoyer, j'attendis. Lorsqu'on m'annonça que le prêtre, portant la sainte Hostie, était proche, mes souffrances redoublèrent : c'était une réelle agonie, et je ne savais que devenir. A ce moment, j'éprouvai nettement la sensation que quelqu'un me passait un bras sous la tête tandis que, de l'autre main, on posait un crucifix sur mes lèvres. La pensée de S<sup>t</sup> Thérèse se présenta d'une manière très vive à mon esprit ; une voix intérieure me pressait tellement de dire à plusieurs reprises : « Mon Dieu, je vous aime ! » que j'essayai ; je le fis avec beaucoup d'efforts les premières fois, puis je finis par le dire plusieurs fois, avec amour, jusqu'à l'arrivée de mon Jésus qui calma toute souffrance. — J'ajoute que si, à ce moment, j'avais voulu m'empêcher de répéter cet acte d'amour, je ne l'aurais pas pu, tant j'étais pressée de le faire.

Je demeure persuadée que, sans une intervention que j'attribue à S<sup>t</sup> Thérèse, il était impossible qu'un pareil changement s'opérât en moi. En action de grâces, je ferai dire prochainement une Messe pour obtenir sa béatification.

X.

## 68.

X. (Eure), 5 octobre 1911.

C'est avec une grande joie que je viens vous donner les détails de la guérison de mon mari, guérison obtenue par l'intercession de votre chère Sr Thérèse de l'Enfant-Jésus.

Le 25 mai, jour de l'Ascension, mon mari se sent souffrant ; on fait appeler un docteur d'Orbec qui diagnostique une pleurésie où il y avait les germes de la tuberculose. Jusqu'au 6 juillet, aucun traitement ne réussit ; le docteur est désespéré, tellement l'état de faiblesse du malade est grand.

Le 6 juillet, une amie nous conseille de faire une neuvaine à Sr Thérèse. Nous la commençons dès le lendemain 7 juillet ; ce jour même un mieux étonnant se produit, et ce mieux s'accentue les jours suivants. Le quatrième jour de la neuvaine, nous envoyons une personne faire, en notre nom, un pèlerinage au cimetière de Lisieux, à la tombe de la petite sainte ; pendant tout le temps qu'a duré le voyage et le pèlerinage, c'est-à-dire jusqu'au retour de cette personne, à deux heures de l'après-midi, mon mari se retrouve très malade. Mais après deux heures, un mieux inexplicable se produit ; mon mari veut alors venir nous aider à mettre du foin en meules, dans le pré avoisinant la cour d'habitation ; ne pouvant l'en empêcher, nous le laissons faire, et il ne paraît en ressentir aucune fatigue ; il recommence le lendemain et les jours suivants, sans éprouver la moindre souffrance. Et depuis il se porte bien.

La neuvaine finie, nous avons fait dire une Messe d'action de grâces pour remercier Sr Thérèse de l'Enfant-Jésus de cette merveilleuse guérison. Depuis nous ne cessons pas de l'invoquer chaque jour.

G. L.

Suivent plusieurs signatures légalisées à la mairie, et l'attestation de M. le curé de X.

---

## 69.

Paris, 12 octobre 1911.

Ma fille Geneviève a eu 13 ans, le 24 mai dernier. Vers la fin de janvier de cette année, elle commença à éprouver une grande fatigue, et son état de faiblesse ayant empiré rapidement, elle dut prendre le lit, le 12 février. Elle n'éprouvait pas de douleurs vives, mais souffrait beaucoup d'un anéantissement complet, et peu à peu elle en arriva à ne pouvoir se remuer dans son lit, ni se servir d'aucun de ses membres.

Deux docteurs et un chirurgien consultés nous donnèrent la même assurance : « L'enfant n'a aucune maladie ; les organes ne sont pas atteints, mais les os sont déphosphatés et les muscles atrophiés. Ce sera très long. Il faut l'emmener à la campagne et la laisser tout l'été étendue au grand air. »

Nous quittons alors Paris le 17 mai, et nous allons à Luzarches en Seine-et-Oise. Là nous louons une maison avec un grand jardin, et nous suivons à la lettre les prescriptions de la Faculté. Notre Geneviève se fortifie certainement comme santé générale, elle recommence à se servir de ses mains, mais les membres inférieurs restent absolument inertes. Il est impossible de penser à la mettre sur ses jambes, elle ne peut même se tenir sur son séant, et sa pauvre tête oscille de tous côtés, quand elle n'est pas soutenue par des coussins ou par des oreillers. On craindrait vraiment de la paralysie si une certaine sensibilité ne subsistait.

Les docteurs consultés de nouveau redisent la même chose : « Cet état pénible peut se prolonger des mois et des mois, et, quand elle en sortira, il faudra lui réapprendre à marcher comme à un bébé. »

Ce fut alors qu'une amie nous parla de S$^r$ Thérèse de l'Enfant-Jésus et que nous commençâmes une neuvaine qui se termina le jour de l'Assomption ; nous demandions à la chère petite sainte de prier pour nous la sainte Vierge qui l'a, elle-même, miraculeusement guérie autrefois et de nous obtenir la grâce de voir notre enfant faire ses premiers pas, le 15 août.

Pour moi je demandais seulement une grande amélioration dans l'état de ma fille ; mais celle-ci, pleine de confiance, demandait sa complète guérison, disant naïvement « que cela n'est pas plus difficile au bon Dieu ». C'est elle, la chère enfant, qui a été exaucée.

Elle reçut avec une grande foi les reliques de S$^r$ Thérèse que vous nous avez envoyées, et, après les avoir passées sur ses pauvres membres presque inertes, nous les attachâmes à son cou avec ses médailles, et nous redoublâmes de ferveur dans nos supplications à la chère sainte.

Le 14 au soir, Geneviève éprouva un grand malaise ; mais, le lendemain 15 août, elle se retrouva dans le même état qu'à l'ordinaire, ni mieux, ni pire.

Nous allâmes à la Messe et nous y fîmes pour elle la sainte communion.

Vers onze heures et demie, comme nous le faisions tous les jours, on descendit sur une sangle, pour le déjeuner, la pauvre enfant dont une petite amie soutenait la tête oscillante. Nous commençâmes à déjeuner ; mais, après avoir pris un peu de nourriture, Geneviève s'arrêta tout à coup en disant : « Je ne veux plus rien prendre. »

Permettez, ma Révérende Mère, que je laisse la parole à l'enfant elle-même : « J'ai senti, dit elle, une espèce de fourmillement dans tout mon être ; en même temps, une voix me dit : « *Lève-toi et marche !* » Craignant d'être le jouet d'une illusion, je ne bougeai pas ; mais la même voix répétait les mêmes paroles ; alors je fus prise d'une envie irrésistible de me lever, et je ne résistai plus. »

Ce fut alors que se produisit le miracle qui nous laisse encore aussi émus que reconnaissants. Geneviève se dressa *toute droite, la tête ferme,* et, descendant de sa chaise longue, elle se mit à marcher, appuyée simplement sur le bras de sa sœur et sur le mien, elle qui n'avait pas mis les pieds par terre depuis six mois et de laquelle on nous avait dit : « Il faudra lui réapprendre à marcher comme à un petit enfant. »

Je n'ai pas besoin de vous dire notre joie et notre reconnaissance envers la chère petite S$^r$ Thérèse de l'Enfant-Jésus. C'est un vrai miracle qu'elle nous a obtenu ; puisse-t-il servir à sa béatification !...

Depuis cette date mémorable du 15 août, la guérison s'est affirmée, et notre petite Geneviève, aujourd'hui très bien portante, a repris sa vie ordinaire.    L.

(Suivent sept attestations de témoins du miracle.)

**70.**

Paris, 14 octobre 1911.

Ma femme fut atteinte, fin août 1911, d'une extinction subite de la voix. Nous consultâmes un spécialiste qui diagnostiqua un polype situé sur les cordes vocales. L'existence de ce polype, dessiné par le praticien, était indiscutable. Un seul remède était possible : l'ablation.

Assez inquiet, car le médecin déclarait ignorer : 1° si le polype ne se reproduirait pas après l'extraction ; 2° si l'origine du polype n'était pas de nature tuberculeuse, je demandai à la sainte Vierge et à Sr Thérèse de l'Enfant-Jésus la disparition du mal, promettant un pèlerinage à Lourdes et une communion hebdomadaire au Sacré-Cœur. Or, le jour où devait avoir lieu l'intervention chirurgicale, le médecin, après examen attentif, fut stupéfait de ne point retrouver trace du polype !...

J'ajoute qu'un second médecin avait également contrôlé l'existence de ce polype.

X.

**71.**

T. (Gironde), 15 octobre 1911.

J'étais, depuis deux ans, atteint de neurasthénie et radicalement impuissant à lire, écrire, prier et même à converser. Le médecin m'avait défendu toute occupation tant soit peu absorbante. Ce repos forcé, succédant à la fièvre d'activité qui règne dans nos établissements scolaires, m'avait consterné au dernier point ; d'autant plus que le docteur m'avait dit que quatre ans ne suffiraient probablement pas pour me guérir. C'est alors que je me suis tourné avec confiance et amour vers votre séraphique enfant.

Quelques jours avant le 30 septembre, j'eus l'heureuse inspiration de célébrer le glorieux anniversaire de sa sainte mort. La nuit j'éprouvai des douleurs de tête très vives, comme jamais je n'en avais enduré ; je fus obligé de m'asseoir sur mon lit pendant plus d'une heure ; je ne trouvais aucune position reposante. Puis les douleurs cessèrent et je sentis dans mon cerveau un bien-être et une puissance que je ne connaissais plus depuis deux ans.

Le docteur a été émerveillé de constater mon état, lui qui m'avait annoncé que j'en avais pour quatre ans avant de pouvoir me remettre au travail! Je lui ai dit que les supérieurs voulaient m'envoyer à Buenos-Ayres pour diriger un orphelinat agricole de quatre cents internes ; non seulement il ne s'y est pas opposé, mais il a ajouté que je pouvais accepter avec pleine confiance, ce que j'ai fait avec bonheur !

Frère X.

Suit le certificat médical.

**72.**

X, (Haute-Vienne), 15 octobre 1911.

Mme X., 22 ans, sentit sa santé décliner à la suite de la naissance d'un bébé. Il lui semblait avoir une grosseur dans le ventre, du côté droit, et elle éprouvait des douleurs assez vives dans les reins. L'appétit disparut ; puis vinrent l'essoufflement et la difficulté pour marcher. Cela dura toute l'année 1910. Sa maigreur et sa pâleur étaient extrêmes.

En mars 1911 le mal prit des proportions plus graves : l'enflure commença avec des coliques très fortes et la perte complète de l'appétit. Il lui fallut renoncer à son travail.

Le 3 mai, elle va voir le médecin qui constate une péritonite bacillaire, et ne dissimule pas à la famille la gravité de son état.

Tout le mois de mai, elle ne fait que se lever et se coucher. Le mois de juin se passe au lit dans les plus grandes souffrances ; elle était tout enflée. C'est alors qu'elle demande à être transportée à l'hôpital ; mais le médecin s'y oppose, disant qu'elle ne supporterait pas la voiture et mourrait en chemin.

Sur ces entrefaites, Sœur S., de L., vint la voir et lui fit connaître S<sup>te</sup> Thérèse de l'Enfant-Jésus. Elle lui procura une relique de la petite sainte et l'engagea à lui faire une neuvaine pour demander sa guérison. Ce fut le 24 ou 25 juin qu'on commença la neuvaine ; pendant les prières, la malade tenait la relique sur la partie la plus douloureuse. Elle demanda à faire la sainte communion, et, dès qu'elle l'eut faite, les souffrances devinrent beaucoup plus grandes.

Le samedi, 1<sup>er</sup> juillet, survint une complication du côté du cœur : douleurs violentes, crises terribles et fréquentes qui durèrent toute la soirée et la nuit jusqu'à deux heures du matin. Le médecin, appelé, déclare que c'est la fin, qu'elle peut mourir d'un moment à l'autre, et tout au plus vivre deux ou trois jours.

Le dimanche 2 juillet, sa mère, qui était venue la soigner à L., voyant la crise de cœur calmée, veut l'emmener mourir chez elle. Le médecin déclare qu'il est impossible de la transporter, qu'elle mourra en chemin ; mais la mère ne veut rien entendre, cherche la robe qu'elle lui mettra quand elle sera morte et place sa fille dans une voiture qu'on a fait demander. On part pour X, distant de 5 ou 6 kilom., et, chose étonnante, le voyage se fait très heureusement. On arrive vers les six heures du soir ; la malade descend toute seule de voiture, dit avoir grand'faim et demande à manger, elle qui ne pouvait plus supporter ni œufs, ni lait. On ne veut rien lui donner, d'autant que le médecin l'a formellement défendu. Toutefois, à force d'insistance, elle obtient quelques petits gâteaux secs et un peu de limonade qui passent très bien. Elle se promène pendant environ deux heures, se couche à la tombée de la nuit, et dort parfaitement.

C'était le septième jour de la neuvaine. Quelques jours après, l'enflure commence à diminuer et, au bout de huit jours, il n'en restait plus de traces. La malade avait une faim dévorante et pleurait de ne pouvoir obtenir la nourriture qu'on lui refusait par prudence. Cependant elle mangeait n'importe quoi sans en être incommodée.

Dans le courant de la semaine, on alla rendre compte de cette guérison extraordinaire au médecin qui n'en revenait pas, disant que jamais il n'avait rien vu de semblable.

Aujourd'hui, 15 octobre, la jeune femme est comme avant sa maladie, même mieux portante, assure sa mère.     C. M., *curé.*

Suivent le cachet de la paroisse, les signatures de M<sup>me</sup> X., de son mari, de sa mère, de sa sœur, S<sup>r</sup> S., de deux autres personnes, et le certificat du médecin.

### 73.

X. (Seine-et-Oise), 16 octobre 1911.

Au mois d'août, je fus invité par des amis à aller, soi-disant en promenade, à Lisieux ; et, comme j'étais en vacances, j'acceptai volontiers. Nous y fûmes le mercredi, 10 août. Là, ils me conduisirent au cimetière, sur la tombe de S' Thérèse de l'Enfant-Jésus. — Je dois vous dire, ma Révérende Mère, que j'avais perdu la foi par les mauvaises fréquentations, quoique j'aie été élevé par une mère très pieuse.

Cependant, sur cette tombe, je me sentis remué ; en voyant la croix couverte de signatures, je voulus aussi y poser la mienne ; enfin, je fis comme les amis, je me mis à genoux, et je priai. Mais je n'avais pas encore la foi ; ce ne fut qu'en lisant le petit opuscule « Appel aux petites âmes », que je me sentis convaincu. Je l'avais acheté au Carmel pour faire comme mes camarades, et, rentré à la maison, je fus fortement tenté de le lire ; je le fis, bien qu'il y avait comme une voix intérieure (c'était le démon bien sûr !) qui me disait : « Pourquoi lire cela ? un livre de bonne Sœur, ça ne peut t'intéresser ! » — « Qu'importe ! me disais-je ; j'ai la tentation, je le lis. »

Dès la première page, je fus si touché que je ne l'ai pas lâché avant de l'avoir lu tout entier. Et alors je me dis : « Ma mère m'avait mis dans une bonne voie, je l'ai perdue, mais il faut que je la retrouve. »

Quelques jours après, je revis mes amis qui me demandèrent : « Eh bien ! qu'avez-vous trouvé du petit livre ? — Ah ! je vous l'avoue, moi qui devenais impie, je voudrais maintenant devenir un saint. Cela est dérisoire de tourner sa face ainsi, mais que voulez-vous, c'est comme cela ! »

Un peu plus tard, j'eus l'occasion de passer par Lisieux ; je me levai deux heures plus tôt afin de pouvoir, par un arrêt entre deux trains, me confesser à Lisieux même et retourner sur la tombe de S' Thérèse pour la remercier de m'avoir converti. J'ai pu aussi, ce jour-là, me rendre au Carmel où j'ai acheté le grand livre de 7 fr. ; je l'ai lu en peu de jours, et maintenant je suis heureux de le montrer et de le prêter à toutes les personnes que je connais. Il y en a plusieurs qui, dans leur étonnement, me disent : « Mais ce n'est pas possible ! ce n'est pas vous qui lisez cela !... » Et je leur réponds avec franchise et sans me cacher : « Oui, ce livre est à moi, et j'éprouve un vrai bonheur à le lire. »

Et maintenant, par reconnaissance envers S' Thérèse de l'Enfant-Jésus et pour sa glorification, je me fais un devoir, ma Révérende Mère, de vous dire que je vis, à présent, dans une grande foi et que je ne veux plus que le démon soit mon maître.

L. C., *cuisinier*.

### 74.

X. (France), 3 novembre 1911.

Le jeudi, 28 septembre 1911, vers les six heures du soir, notre petite Yvonne, qui n'avait pas encore sept mois, tomba tout à coup malade. Ma femme la tenait dans ses bras. Cette petite perd connaissance, les yeux grands ouverts, et, en un clin d'œil, elle a la figure livide, les traits tirés, les coins des lèvres abattus, le nez pincé. On la met dans un bain de moutarde très fort. Elle ne paraît pas souffrir. On la sort du bain deux fois, et deux fois elle se pâme. On la sort de nouveau, on la couche, la nuit est épouvantable. La fièvre atteint 41° ½. Le matin, vers les sept heures, nous attendons de seconde en seconde la fin.

Deux docteurs viennent presque simultanément au moment de l'accident. Ils diagnostiquent une gastro-entérite foudroyante. Le premier ordonne quelque chose pour la forme, on le voit, et se retire en déclarant que c'est très grave ; il revient le lendemain matin et reviendra plusieurs fois les jours suivants, et dira s'étonner de retrouver la petite vivante. Le second, le docteur T..., qui a traité effectivement Yvonne pendant toute sa maladie, le seul docteur dont il sera question dans la suite, donne également une prescription, revient le lendemain et passe la plus grande partie de la matinée auprès de notre petite fille à laquelle il donne lui-même des bains et des remèdes. Mais, au dire d'une personne de la maison, il la considère comme perdue. Telle est aussi l'impression de mon beau-frère et de ma belle-sœur qui passent la journée du vendredi avec nous.

Le vendredi soir, mon fils aîné va chez M. l'abbé B. et lui dit l'état de l'enfant. Il promet de prier pour nous.

La seconde nuit est mauvaise, bien que la fièvre ne soit pas aussi forte. La petite malade semble toujours à l'agonie. La respiration est haletante. Mon beau-frère, qui reste toute la nuit avec nous, ne s'attend pas à lui voir atteindre le jour. Le docteur avait déclaré que, si elle vomissait, ce serait très grave. Or, elle vomit plusieurs fois. On continue cependant les remèdes et les bains ; elle paraît ne se rendre compte de rien.

Le lendemain matin, samedi 30 septembre, nous sommes de nouveau au désespoir ; il est sept heures, nous nous croyons au bout.

Mais, vers les sept heures et demie du matin, M. l'abbé B., qui avait dit la Messe pour notre enfant, apporte un sachet renfermant de la terre de la sépulture de S$^r$ Thérèse, et dit à ma femme : « J'ai promis quelque chose en votre nom et au mien pour la béatification de S$^r$ Thérèse, si votre petite fille guérit. Quelque chose me dit qu'elle vous sera conservée. » Ma femme ratifie la promesse de l'abbé B. sans la connaître, et met le sachet sous l'oreiller de l'enfant. Or, le soir, à cinq heures, le docteur la déclarait sauvée !

Il y a plus d'un mois qu'Yvonne est hors de danger. Depuis longtemps, elle a retrouvé ses couleurs, sa gaieté, son appétit. Il ne lui est resté de son mal que des éruptions à la figure et deux abcès à une jambe, dont l'un a fondu et l'autre vient de s'ouvrir, et qui témoignent, au dire du docteur, de la gravité de l'infection.

Un homme, que l'on dit être un employé des Pompes funèbres de X., a circulé plusieurs jours autour de la maison, s'inquiétant de savoir « si la petite était décédée », et a disparu avec le danger. — Je donne ce détail pour montrer combien était notoire la gravité de la maladie. — De l'avis général, je crois que notre enfant était condamnée.

L. S.<br>
Professeur à l'Université de X.

' Suivent le cachet de la paroisse, les signatures de la mère, de M. l'abbé B., d'un autre prêtre, de plusieurs témoins et celle de M$^r$ le curé de X. affirmant que lesdits témoins sont dignes de créance. (Certificat médical.)

**75.**

Laval (Mayenne), 5 novembre 1911.

Depuis quelques mois déjà, j'étais atteinte d'albuminurie et gravement menacée de phtisie pulmonaire lorsque, le 24 janvier 1911, je fus prise d'urémie cérébrale.

Mon médecin, M' X., qui avait, quelques mois auparavant, soigné déjà une jeune fille atteinte de cette même maladie et qui était morte en vingt jours, pronostiquait la même chose pour moi. Il voulait me faire transporter à l'hôpital, non dans l'espoir de me guérir, mais afin qu'on pût plus facilement me soulager par des piqûres de morphine.

Ma tante voulant me donner les derniers soins s'y opposa, et appela en consultation un second médecin.

Cette tante, M'" D., chez qui je demeure depuis l'âge de deux ans (j'en ai 17 maintenant), habite Laval.

Du 24 janvier au 1'' février, mon mal alla en s'aggravant rapidement. Le 1'' février, vers huit heures du soir, le docteur exprima ses craintes à ma tante ; il était très inquiet. Après m'avoir fait une piqûre de morphine, il dit que la méningite était déclarée et que je n'avais plus que quelques jours à vivre. Toute la nuit, j'eus une terrible crise de délire, à ce qu'on m'a rapporté ; je souffrais beaucoup.

Voyant tout espoir perdu du côté de la terre, ma tante se tourna vers le ciel, et c'est alors qu'elle se procura, auprès d'une amie, une relique de S' Thérèse de l'Enfant-Jésus : un petit sachet contenant de la laine de l'oreiller. C'était le matin du 2 février ; ma tante me fit d'abord baiser la relique, puis je la pris entre mes doigts et, chose merveilleuse, moi qui depuis une huitaine de jours ne pouvais pas même lire le titre d'un journal, je lus sans aucune hésitation l'inscription très fine imprimée sur le sachet. Mais sitôt que je cessais de le regarder, mes yeux ne distinguaient plus rien. Ma tante attacha cette précieuse relique à mon scapulaire, puis je m'unis de mon mieux aux prières que l'on adressa pour moi à S' Thérèse.

C'était la première fois que j'entendais parler de S' Thérèse de l'Enfant-Jésus, je n'avais jamais lu sa vie ni la « Pluie de roses », et j'ignorais complètement ses miracles et ses apparitions.

Ce jour-là (2 février), à onze heures du matin, le docteur vint me voir et ne trouva pas de changement dans mon état ; il projeta alors pour le lendemain une consultation avec un de ses confrères, prescrivit un calmant et se retira en promettant de revenir le soir me faire une piqûre de morphine.

Aussitôt après son départ, ma tante me quitta pour aller faire remplir l'ordonnance par le pharmacien, et me laissa à la garde de ma mère et d'une de nos amies. Lorsqu'elle revint, elle me trouva assoupie et calmée. Elle ne me réveilla donc pas. C'est alors que se passa la scène que je vais raconter. Pour les détails que je n'ai pu voir moi-même et que contiendra mon récit, je vais les donner d'après ce que m'ont rapporté ma tante, ma mère et M'"' B., qui en ont été les témoins.

Il n'était pas encore midi quand, tout à coup, je vis devant moi une jeune religieuse d'une beauté céleste et qui me regardait avec un délicieux sourire. Sans m'en rendre compte, je me dressai sur mon lit et, m'agenouillant, je me traînai jusqu'à l'extrémité, et là, m'avançant sur le bord, je joignis les mains et les étendis vers l'apparition. J'avais le corps tellement penché en dehors du lit que j'aurais dû rouler à terre si je n'avais été miraculeusement soutenue ; j'avais, m'a-t-on dit, un visage rayonnant, et les personnes présentes sentaient qu'il se passait quelque chose de surnaturel ; elles me regardaient avec admiration et restaient interdites. — Pour moi, j'entendais l'apparition céleste qui me disait : « *Tu guériras* » ; en même temps, je sentis un suave et délicieux parfum qui ne pouvait venir que du Paradis. Puis, mon angélique visiteuse disparut et, sans m'en rendre compte, je me recouchai ; alors, je tournai les yeux vers ma mère, ma tante et M"" B. ; je les reconnus parfaitement. Depuis huit jours, je ne reconnaissais plus personne. Je leur affirmai que S' Thérèse m'était apparue ; elles me montrèrent alors son image que je n'avais jamais vue et je la reconnus aussitôt. Ma vue était redevenue tout à fait distincte ; mes grandes douleurs avaient cessé, les autres allaient se dissiper à leur tour, à la seconde visite de ma bienfaitrice, visite que je vais encore rapporter.

Après cette première apparition de S' Thérèse, je dormis paisiblement jusqu'à trois heures de l'après-midi. A ce moment, ma mère et ma tante étaient seules présentes. Il paraît qu'extérieurement la scène du matin se renouvela en tous points avec un détail de plus : je pris mon chapelet et l'enroulai à mes mains. Pour moi, je vis S' Thérèse dans la même attitude que la première fois, et avec son même sourire, elle me recommanda la dévotion à la sainte Vierge et m'engagea à réciter chaque jour le chapelet. Ma tante m'entendit distinctement lui répondre : « Oui, ma petite Thérèse, je vous le promets. » C'était la promesse de dire mon rosaire.

Je ne saurais pas bien expliquer comment cela se passait : je ne sais pas si j'étais éveillée, mais je sentais bien pourtant que je ne dormais pas.

A six heures du soir, le docteur se présentait pour l'injection de morphine. Quelle ne fut pas sa stupeur, lorsqu'après un examen minutieux, il ne trouva plus trace de ma maladie de poitrine ni de ma méningite ! Il dit à plusieurs reprises que j'étais guérie et que la consultation du lendemain était par conséquent inutile. Cependant il s'opposa, par mesure de prudence, à l'exécution de mes projets. J'aurais voulu, dès le lendemain, me lever et aller à l'église, malgré le froid très rigoureux, pour me confesser et communier.

Le samedi 4 février, à huit heures du soir, je revis ma céleste bienfaitrice pour la troisième et dernière fois et de la même manière. Ma tante et les personnes qui en furent témoins virent se reproduire la même scène que les jours précédents. S' Thérèse m'informa alors de choses très personnelles dont je ne puis parler maintenant.

Voilà plus de huit mois que S' Thérèse de l'Enfant-Jésus m'a guérie ; rien n'a reparu depuis de mes deux maladies, et je garde à cette bienaimée petite sainte la plus vive reconnaissance et la plus tendre dévotion. J'ai voulu les lui témoigner en allant, avec ma tante, le 14 août, faire un pèlerinage d'action de grâces sur sa tombe.

C. D.

Suivent les témoignages de la mère, de la tante et de M<sup>me</sup> veuve B., et l'attestation de M. l'abbé G., directeur de conscience de M<sup>lle</sup> C. D.

### 76.

Paris, 11 novembre 1911.

Ce matin, vers 10 heures et demie, ma femme s'était fait une entaille assez profonde à la main gauche. J'arrive à midi pour déjeuner ; je pose immédiatement une relique de votre chère petite S<sup>r</sup> Thérèse sur la main malade en lui demandant de la guérir. Quelques instants après, nous développons, et quelle ne fut pas notre surprise de voir la plaie *complètement cicatrisée ;* il n'y avait plus qu'une petite marque de cinq à six centimètres de longueur.

Ce fait nous rend bien heureux, car il nous prouve que S<sup>r</sup> Thérèse s'intéresse à nous et qu'elle nous accordera dans l'avenir les grâces que nous lui demandons et que nous désirons tant obtenir.

G.

### 77.

Carmel de T. (Espagne), fin juillet 1911.

Je viens vous demander, ma Révérende Mère, de bien vouloir vous unir à une neuvaine que nous allons commencer à votre chère petite sainte pour la prier de nous venir en aide.

Notre petite fondation subit, depuis trois ans et demi qu'elle existe, une terrible persécution qui l'aurait infailliblement détruite si le bon Dieu ne la soutenait d'une façon toute spéciale et visible. En ce moment même, on dirait que tout l'enfer est déchaîné contre elle et qu'elle ne va pas tarder à disparaître.

Les choses changeraient si nous pouvions obtenir que quelques novices fissent profession. Des cinq que nous avons reçues pour le chœur, deux pourraient être professes depuis plus de six mois ; mais l'une d'elles est complètement dépourvue de dot ; l'autre n'en a qu'une partie, la moitié environ, et Mgr notre Evêque leur refuse la permission de faire leurs vœux, disant que nous sommes trop pauvres pour recevoir des sujets sans dot ou avec une dot insuffisante. Les deux chères enfants souffrent beaucoup. La pensée qu'elles seront peut-être obligées de sortir les afflige à tel point que leur santé commence à s'ébranler. Nous avons nous-mêmes beaucoup de peine : n'étant que trois professes de chœur, nous avons grand besoin d'avoir bientôt des aides, car nous sommes à bout de forces... Que le bon Dieu ait pitié de nous toutes !

Veuillez, ma Révérende Mère, supplier votre chère petite sainte de toucher le cœur de quelque âme charitable qui donne à nos deux enfants une dot, afin qu'elles voient bientôt leurs désirs réalisés et qu'elles puissent se donner définitivement à Notre-Seigneur. Oh ! oui, ma bonne Mère, demandez instamment à notre chère S<sup>r</sup> Thérèse qu'elle ait pitié de nous et ne tarde pas de nous venir en aide.....

Quelques jours après cette lettre, la Mère Prieure du Carmel de Lisieux recevait celle qui suit :

« Par dévotion pour S<sup>r</sup> Thérèse de l'Enfant-Jésus, mon frère et moi désirons payer la pension d'une jeune fille pauvre, afin de l'aider à être

Carmélite. Nous préférerions que ce fût dans le monastère même de S' Thérèse, si la chose était possible. »              Abbé X, *prêtre*.

Ayant alors donné connaissance à M. l'abbé X. de la grande nécessité où se trouvait le Carmel de T., il écrivit de nouveau le 14 août 1911 :

« Par ce courrier, j'écris à la Révérende Mère Prieure de T. pour lui faire part de ce que j'ai su de son Carmel et lui offrir de prendre à notre charge ses deux religieuses. Dans ma lettre, j'ai souligné l'intervention de l'angélique Thérèse.

Permettez-moi de vous dire toute ma reconnaissance pour cette affaire qui me donne tant de joie, ainsi qu'à la personne qui la fait avec moi. Aidez-nous à remercier la sainte Vierge et Thérèse.

Je ne saurais vous dire combien j'ai de preuves tous les jours de la protection de votre angélique petite sœur, jusque dans les moindres choses. En voici encore un exemple bien touchant :

Une personne de ma connaissance avait de grandes inquiétudes au sujet de son fils, officier de marine, perdu au fond de la Chine. Elle était sans nouvelles depuis six mois. Je lui ai fait lire la Vie de S' Thérèse et lui ai donné son image. Aussitôt, elle a mis son fils sous la protection de la petite sainte et posta sur elle sa chère image. — Ceci était le 11 juin au soir. — Or, elle a reçu dans le courant de juillet une lettre *datée du 13 juin*, dans laquelle son fils lui dit qu'il sort, comme par enchantement, d'une crise de tristesse et de chagrin qui le tenait depuis des mois.

N'est-il pas doux de voir la chère sainte se pencher ainsi sur toutes les misères du corps et de l'âme et répandre sa pluie de roses ? »

Abbé X.

Autre lettre du Carmel de T., 11 novembre 1911.

Non seulement S' Thérèse nous a, comme vous le savez, envoyé la dot suffisante pour qu'on nous permît la profession de nos deux premières novices; mais elle nous a procuré encore une aumône pour l'agrandissement de notre chapelle et une autre pour l'achat d'une cloche, celle que nous avions déjà étant si petite que parfois nous ne l'entendions même pas. De plus, quatre autres novices ont été dotées de la même façon providentielle.

Tout cela, nous l'attribuons à notre petite sainte, car, avant de nous adresser à elle, nous n'avions pu rien obtenir !

**78.**

X. (Maine-et-Loire), 15 novembre 1911.

Je viens, avec tous les sentiments d'un cœur reconnaissant, vous dire de quelle manière S' Thérèse de l'Enfant-Jésus a effeuillé sur moi ses pétales de roses.

J'habitais alors à P. (Vendée). Je connaissais la Servante de Dieu depuis quelque temps, je la priais..., mais sans penser à lui demander ma guérison, lorsqu'au commencement de mai 1910, étant dans ma vingtième année, la maladie vint me mettre dans l'impossibilité de faire aucun travail. Je fus prise d'une maladie d'estomac qui provoqua des vomissements et de grandes douleurs. Le 24 du même mois, le médecin constata que j'avais une tumeur. Aucun aliment ne pouvait passer ; j'en étais réduite à ne prendre que de l'eau ; aussi, étais-je arrivée à un état de maigreur effrayante ; chaque semaine, mon poids diminuait de 3, de 5, de 6 livres. Je ne pesais plus que 62 livres. Mon état de faiblesse, qui était excessif, empêcha le docteur de donner suite à l'idée de faire une opération.

Autour de moi, famille et amis, tous me voyaient partir à grands pas vers l'éternité.

Je fus administrée le 30 septembre. Mon passe-port était signé ! Mais S' Thérèse avait compté autrement que nous tous.

Je restai ainsi en danger de mort jusqu'au 8 octobre. Ce jour-là, une de mes amies, venant me voir avec sa mère, me dit : « Nous allons faire une neuvaine à S' Thérèse pour qu'elle vous guérisse. » J'acceptai avec reconnaissance. La neuvaine commença le 9 octobre. Ce même jour, vers une heure de l'après-midi, ma mère me donna une cuillerée d'eau sucrée que je rendis aussitôt. Mais peu de temps après, je lui dis : « Maman, j'ai faim... donnez-moi à manger, s'il vous plaît. — Non, je ne le puis pas... tu es trop malade... tu vas mourir !!... » J'insistai, et ma mère me donna quelques petits gâteaux. « Mais je veux du pain ! » repris-je. Alors ma pauvre mère céda en pleurant, pensant que c'était un dernier désir de mourante. Je me mis à manger une tartine de pain et de beurre d'un excellent appétit, sans que cela me fît aucun mal... Et je ne sentais plus la tumeur qui m'avait causé de si grandes souffrances !... Alors je m'écriai : « Mais je suis guérie ! C'est S' Thérèse qui m'a guérie !... »

Je voulus me lever aussitôt ; mais, par prudence, ma mère s'y opposa, et je dus obéir. Je me levai le lendemain matin sans éprouver aucune douleur ; je me mis à manger sans choisir les mets ; je repris rapidement mes forces, et huit jours après j'étais heureuse de me remettre au travail.

Quand le docteur revint à la maison, il fut plus qu'étonné de me voir guérie, et me demanda ce que j'avais fait pour cela. « Je n'ai rien fait... on a prié... et je suis guérie !! » lui répondis-je toute joyeuse.

Oui, on avait prié pour moi la chère petite sainte de Lisieux. Elle connaissait mon désir de me consacrer au bon Dieu ; souvent je lui avais demandé de me donner assez de santé pour être religieuse missionnaire. Ma céleste bienfaitrice avait fait pour moi un autre choix de communauté, et je suis maintenant postulante dans la Congrégation des Religieuses du Saint-Cœur de Marie, à X.

Puisse S' Thérèse de l'Enfant-Jésus m'y garder et m'aider à y devenir une religieuse fervente ! C'est ainsi qu'elle continuera et qu'elle achèvera de faire tomber sa pluie de roses sur mon âme reconnaissante.

A. G.

Suivent la signature des parents et plusieurs autres, l'attestation du confesseur de la jeune fille et la signature de la Supérieure avec le cachet du monastère.

## 29.

X. (Finistère), novembre 1911.

Le jeune Antoine de la S., âgé de quinze ans, était menacé d'une cécité complète ; il ne pouvait s'y résigner et répétait qu'il aimait mieux mourir que de devenir aveugle.

On le soignait depuis des mois et les oculistes ne comprenaient rien à son cas. En dernier lieu, il fut conduit à la clinique de L. (Suisse), où e traitement qu'on lui appliqua n'eut pas plus de succès que les précédents.

S' Thérèse intervint, et voici la lettre que la mère du petit malade écrivit au lendemain de son extraordinaire guérison :

« On avait enfermé Antoine dans une chambre noire ; le soir du troisième jour, il se leva pour qu'on fasse son lit ; je dirigeai alors la lumière électrique sur les tableaux, tandis qu'il était à l'abri de toute lumière : « Je ne vois rien, me dit-il, sinon deux taches au mur. — Et moi, me vois-tu ? — Oui, vous êtes comme une ombre noire, et votre figure me paraît comme une tache blanche ; mais je ne vois pas vos traits. » Je lui fis voir des objets qu'il ne put distinguer : « Non, je ne vois rien, je vois moins qu'avant d'entrer dans la chambre noire. Oh ! partons, je vais devenir tout à fait aveugle avec ce traitement ! » Alors, je l'encourageai, je lui mis entre les mains la relique de S' Thérèse : « A quoi bon ? me dit-il, n'avons-nous pas fait déjà une neuvaine à cette petite sainte et à Notre-Dame de Lourdes, à saint Antoine et à tant d'autres ! » Je l'encourageai encore ; alors, il prit la relique, l'appliqua longuement sur ses deux yeux, priant avec ferveur, je puis dire de toute son âme. Puis il déposa la relique et s'endormit presque aussitôt.

« Le lendemain matin, on nous apporta notre déjeuner. Nous étions dans l'obscurité complète, l'enfant s'en plaignit amèrement ; j'entr'ouvris les persiennes pour qu'il pût déjeuner, disant : « Dès que tu auras déjeuné, je fermerai. »

« La journée était belle, la lumière pénétra largement : Antoine était appuyé sur son coude, il jeta rapidement un regard autour de lui et poussa un cri joyeux : « Oh ! je vois !... je vois tout, tout ! »

« Je demeurai figée, je croyais rêver et, doutant encore, j'ouvris tout grand et, allant vers les tableaux : « Qu'est-ce ceci ? — La sainte Vierge portant le petit Jésus. — Et ceci ? et ceci ? » Il voyait et expliquait tout. Je lui présentai un livre : il se mit à lire !...

« J'allai annoncer le prodige au docteur qui se hâta d'examiner l'enfant ; il fut émerveillé et avoua que la médecine n'avait pu produire pareil effet. Il garda cependant Antoine encore trois jours et, après un nouvel examen approfondi de l'œil et du champ visuel, constata qu'il jouissait du maximum de vue : 90° au lieu de 30 !... »

**80.**

Couvent de X. (France), 23 novembre 1911.

Il y a quelques mois, je vous priais de bien vouloir m'envoyer une relique de la chère petite S' Thérèse de l'Enfant-Jésus, pour être appliquée à l'une de nos enfants affligée d'une pénible maladie.

Cette enfant était pour ainsi dire comme une masse, ne pouvant se rendre le moindre service, ne pouvant marcher ni manger seule.

Après avoir fait plusieurs neuvaines sans aucun résultat, nous eûmes recours à la chère sainte. La relique fut appliquée sur l'enfant, et nous commençâmes une neuvaine. Quelle ne fut pas notre surprise de constater que, le deuxième jour de la neuvaine, la petite malade était radicalement guérie, et depuis, elle n'a ressenti aucun malaise.

Veuillez donc, ma Révérende Mère, si vous le jugez bon, publier cette nouvelle faveur afin d'augmenter la gloire de la petite S$^r$ de l'Enfant-Jésus.

S$^r$ M., *supérieure*.

## 81.

X. (Finistère), 27 novembre 1911.

J'étais atteinte de tuberculose au poumon gauche. Depuis 1897, trois médecins m'ont successivement soignée. Tous attribuaient ma maladie au surmenage et me conseillaient un repos absolu, chose impossible, vu mon poste de titulaire d'une école encore communale.

En avril 1907, j'eus une crise bien pénible qui m'épuisa ; elle se renouvela en novembre 1907, et ainsi chaque année, au commencement et à la fin de l'hiver, en augmentant toujours de gravité.

La crise, qui semblait devoir être la dernière, commença à la mi-octobre 1910 pour se terminer le 30 avril 1911. L'appétit avait disparu, la toux ne me laissait aucun repos, l'expectoration était abondante, par moments teintée de sang. J'avais de fréquentes suffocations, l'oppression était si forte qu'il me devint impossible de sortir, sinon pour communier, l'église étant à quelques pas.

Les derniers jours de mars, je dus garder le lit. Nos chères sœurs, s'attendant à ma fin prochaine, se désolaient à la pensée d'une laïcisation immédiate. Elles priaient, mais Dieu semblait sourd à leurs prières. C'est alors que la poésie de S$^t$ Thérèse : « Mon chant d'aujourd'hui », m'arriva comme par hasard. Je me sentis attirée vers la petite sainte du Carmel et lui dis : « Pour éviter la laïcisation, pour le bien des âmes de nos enfants, demandez pour moi un délai au Cœur de Jésus. Ma petite sainte, faites que la volonté du bon Dieu s'accomplisse en moi. » Cette dernière invocation me devint familière, ce fut la seule que j'adressai à S$^t$ Thérèse.

J'éprouvai dès ce moment un mieux sensible. Puis, le 30 avril, j'eus le bonheur de recevoir une relique de S$^t$ Thérèse, et je la mis aussitôt sur moi. Alors un changement subit s'opéra : le matin, je toussais à faire pitié ; le soir, la toux, l'oppression, les suffocations avaient disparu pour faire place à l'appétit, à la vigueur, au vif désir de reprendre mes classes. Le lendemain, 1$^{er}$ mai, je repris mes fonctions, et je les ai continuées depuis sans éprouver la moindre fatigue.

Veuillez, ma Révérende Mère, m'aider à remercier votre sainte petite Sœur qui a daigné jeter sur moi un regard de pitié.

S$^r$ X.,
*Religieuse de la Providence.*

Suit le certificat médical.

## 82.

S. G. la M. (Italie), 30 novembre 1911.

Nous soussignés, docteurs en médecine et en chirurgie, attestons ce qui suit :

M¹¹ᵉ V. R., âgée de 72 ans, demeurant au monastère de la Visitation de S. G. la M., fut visitée par nous le 5 mai 1911. Elle avait, à la région latérale droite et postérieure de la langue, un petit nœud ulcéreux et sanieux avec infiltration glanduleuse aux régions situées sous la langue et le maxillaire de droite.

Les conditions générales de la malade étaient un affaiblissement total, le teint jaune, la déglutition gênée, l'haleine mauvaise ; la salivation augmentait, avec douleurs, en longeant les parties malades. Si bien qu'en présence de telles constatations, nous ne pouvions diagnostiquer autre chose qu'un ulcère cancéreux à la langue.

Et, de fait, ayant expérimenté en vain tous les remèdes de l'art et voyant s'évanouir de jour en jour tout espoir de guérison, nous fûmes contraints d'abandonner la malade aux ressources surnaturelles puisqu'elle ne voulait pas expérimenter le bienfait efficace de la chirurgie.

Ainsi se passèrent quelques mois depuis notre consultation médicale lorsque nous fûmes avertis, par la Supérieure dudit monastère, que M¹¹ᵉ V. R. avait été, comme par miracle, débarrassée de son terrible mal qui l'avait tourmentée si longtemps.

Nous soussignés, à cette nouvelle, poussés par la curiosité et l'étonnement, nous nous rendîmes au monastère pour soumettre la malade à un rigoureux examen et, non sans surprise, nous pûmes constater que le nœud ulcéreux, diagnostiqué antérieurement, était alors détergé et cicatrisé.

Ceci étant donné, nous soussignés, en pleine conscience, nous pouvons attester que M¹¹ᵉ V. R. est à présent guérie de sa terrible maladie.

En foi de quoi nous signons :
       Docteur S. V.
       Docteur V. C.
       Docteur A. R., *médecin habituel.*

(Suit le récit détaillé écrit par la Révérende Mère Supérieure.)

**83.**

Saint-Lô (Manche), 4 décembre 1911.

Une jeune femme, dans une situation de fortune très précaire, mit au monde, il y a cinq semaines environ, une petite fille. Tout allait bien, quand 4 ou 5 jours après, elle fut prise de fièvre. L'état resta stationnaire environ 5 jours ; puis, assez rapidement, le mal s'aggrava. Les deux médecins avertirent le mari et la mère de la jeune femme que tout espoir était perdu. Elle fut administrée le jeudi 13 novembre, c'est-à-dire 10 jours environ après la naissance de son bébé. Les médecins la disaient atteinte de péritonite ; la sage-femme, à qui j'en ai parlé depuis la guérison, croyait qu'à la péritonite s'était jointe une grippe infectieuse intestinale et elle m'a déclaré, devant la religieuse garde-malade, que jamais elle n'a vu personne revenir d'aussi loin.

Je fus mise au courant de la situation par une amie qui avait occupé cette jeune femme. Aussitôt, l'idée me vint de faire une neuvaine à S' Thérèse et d'envoyer une relique à la sœur garde-malade. Je le fis en lui disant combien on pouvait espérer du secours de notre chère petite sainte. Pendant la nuit du dimanche, elle appliqua la bienfaisante relique sur la malade. La fièvre, à ce moment, était intense : 41°; et, le soir, on m'avait assuré qu'elle ne passerait pas la nuit.

Environ deux heures plus tard, la religieuse remarqua que la figure de la pauvre moribonde était moins défaite ; puis, presque immédiatement, la fièvre tomba à 37° 5, puis à 37°, et y resta.

Quand le docteur vint dans la matinée il ne pouvait y croire ; la sage-femme aussi fut stupéfaite. Le mari, très incrédule en matières religieuses, ne put s'empêcher non plus de témoigner son étonnement. Seules la religieuse et moi savions à qui attribuer cet heureux changement.

Aujourd'hui même, je suis allée voir la ressuscitée ; elle faisait son ménage, et me fit remarquer qu'il y a aujourd'hui trois semaines exactement, elle se préparait à la mort et recevait les derniers Sacrements. Elle a encore l'estomac très délicat, et me disait que lorsqu'elle souffre, elle invoque sa bienfaitrice et éprouve aussitôt du soulagement.

X.

Le certificat médical atteste que la mort de la malade était « attendue d'heure en heure » et qu'elle est « parfaitement » guérie de sa « péritonite » et de sa « grippe intestinale infectieuse ».

Suivent les signatures du mari de la malade, de la religieuse qui la soignait, de la sage-femme, ; enfin, celle de M. le Curé de X. avec le cachet de la paroisse et celle du Vicaire qui administra la jeune femme.

## 81.

Mission d'Océanie, 9 décembre 1911.

Dans ma dernière tournée à T..., île voisine, j'étais descendu chez l'instituteur français et catholique. Les enfants sont catholiques ; la mère seule reste protestante, par suite, parait-il, d'un vœu qu'elle aurait fait à sa mère à son lit de mort. Or, cette femme est malade depuis longtemps ; la poitrine est atteinte.

Devant elle et son mari, j'avais, en causant, relaté les merveilles opérées par S$^t$ Thérèse, sans penser à rien autre. Samedi dernier (2 décembre) cette personne m'arrive avec une lettre de son mari, me faisant part de son désir à elle de posséder une relique de la chère petite Sœur. Je m'empressai de lui en remettre une, ainsi qu'une image, en lui recommandant de prier avec confiance et de demander à S$^t$ Thérèse la guérison du corps avec la foi. Je désirais cette guérison et cette conversion qui pourraient être le point de départ de beaucoup d'autres.

Le 1$^{er}$ jour où M$^{me}$ X. appliqua la relique sur sa poitrine, à l'endroit où la douleur est d'ordinaire très grande, elle souffrit beaucoup toute la journée.

Le lendemain, plus rien. Une visite d'un haut fonctionnaire lui causa beaucoup de travail, elle n'en éprouva aucune fatigue.

J'avais recommandé à toute la famille de s'unir aux prières de la pauvre femme. Celle-ci pleurait en se mettant à genoux pour la première fois. Tous pleuraient, même ses petits enfants. Dimanche dernier (3 décembre), second jour de la neuvaine, elle se disposait à aller au

Temple ; le second de ses enfants, âgé de 6 ans environ, la retint par sa robe en lui disant : « Maman, tu ne peux pas aller au Temple, car tu t'es mise à genoux hier ; tu es catholique. »

De plus, ce même enfant lui donna une petite croix et lui dit encore : « Attache-la à ta relique. — Ce n'est pas la peine. — Si, épingle-la quand même... » La mère obéit.

Aujourd'hui, cette excellente femme est venue me trouver et m'a dit : « Mon Père, je voudrais m'instruire, je voudrais avoir quelqu'un à côté de moi pour m'expliquer la religion, je n'en sais rien. » Je lui ai donné un catéchisme bien détaillé, en lui recommandant de prier avec persévérance.

Cette protestante ne connaît même plus le respect humain qui tue tant de nos catholiques. La relique et la croix, par hasard, étaient sortis de son corsage et paraissaient en-dessus. Le haut fonctionnaire, cité plus haut, était là. L'aîné des enfants fit remarquer à sa mère la croix et la relique qu'on voyait en dehors : « Laisse, dit la mère, cela ne fait rien. »

Ma joie est si grande que les mots se pressent sous ma plume qui ne peut les écrire tous, je voudrais la redire à tous les échos.

R<sup>d</sup> P. X., *missionnaire*.

**85.**

Uganda (Afrique), 10 décembre 1911.

Une de nos filles indigènes nous laissa pour aller travailler dans une mission éloignée. Là, elle tomba dans un grand péché, et ne voulait absolument pas consentir à laisser son compagnon et à se confesser. Quatre prêtres essayèrent de la ramener; mais elle refusa. Nous avons une de ses sœurs à la Mission ; je l'envoyai à son tour, mais la malheureuse égarée s'obstina dans son refus.

Nous fîmes alors une neuvaine à la « Petite Fleur » de Jésus et, le dimanche soir, la pauvre fille arrivait, amenant son compagnon pour être instruit avec elle. Elle s'est confessée et nous paraît sincèrement convertie.  S<sup>r</sup> M.

**86.**

Torokbalint (Hongrie), 10 décembre 1911.

Je ne sais si vous vous souvenez que nous vous avons recommandé, dans notre dernière lettre, une de nos novices ayant eu cinq crachements de sang bien inquiétants... C'est pour elle que vous avez eu la bonté de nous promettre, à partir du 15 octobre, une neuvaine de prières à votre angélique S<sup>r</sup> Thérèse de l'Enfant-Jésus. Naturellement, nous étions de tout cœur unies à vous; mais pendant que vous demandiez la faveur pour nous, nous en remerciions déjà la bien-aimée petite Sainte.

En effet, notre malade, couchée depuis trois semaines, n'avait pas cessé de prier nuit et jour la chère petite Thérèse dont elle gardait constamment la relique à l'endroit d'une douleur très vive qu'elle ressentait au-dessous du poumon gauche, sous lequel se trouvait une espèce de gonflement sensible au toucher. Cette douleur lui correspondait dans le dos et était si forte qu'elle ne pouvait faire aucun mouvement de la main et du bras gauche sans en souffrir atrocement. Cependant, le 14 octobre, le docteur avait permis qu'elle se levât dans sa chambre une heure ou deux ; il avait fallu l'aider dans tous ses mouvements.

En allant lui dire bonsoir, je lui rappelai que la neuvaine commençait le lendemain au Carmel de Lisieux... C'était dimanche... et j'ajoutai, mais en vérité pas sérieusement : « Si vous alliez demain à la Messe ?... (la chapelle est assez près de sa chambre), vous vous recoucheriez aussitôt après, ce sera le lever de la journée... — La novice ne parut pas accueillir avec grande joie ma proposition, mais elle ne me fit aucune objection ; elle me dit seulement qu'elle éprouvait un peu de tristesse à la pensée de ne pouvoir s'habiller en religieuse, ne pouvant pour ainsi dire supporter aucun vêtement sur sa douleur de côté, ni faire les mouvements nécessaires pour revêtir sa robe.

Avant de s'endormir, elle pria ardemment encore la petite S' Thérèse.

La nuit fut bien autre que les précédentes : elle dormit d'un sommeil très calme, et le matin, à son réveil, elle éprouva un sentiment de bien-être général qu'elle ne peut définir. La douleur au côté n'existait plus du tout ; elle essaya des mouvements du bras, et les fit sans difficulté ni souffrance ; elle se leva, s'habilla seule, alla à la Messe sans éprouver aucune fatigue et resta levée toute la journée !... Dès le lendemain, sa figure amaigrie et tirée reprit son teint ordinaire et son air de prospérité ; c'était frappant !

Depuis, elle a repris ses occupations habituelles.

Je n'essaierai pas, chère Mère, de vous exprimer nos sentiments d'étonnement émus d'abord, puis de vive reconnaissance, d'amour et de confiance encore plus grande envers votre bien-aimée petite Sainte !

S<sup>r</sup> M., supérieure.

---

### 87.

X. (France).

Un soir on racontait devant moi un des miracles de la petite S' Thérèse : celui d'un pauvre homme dont la langue rongée par un cancer avait, non seulement été guérie, mais encore avait repoussé. Je m'écriai : « Quant à celui-là, il faudrait que je voie la langue repoussée pour y croire ! »

Un moment après, me trouvant seule, je sens ma langue qui me fait mal. Je n'y prête pas attention ; mais, en me couchant, le mal augmente. Subitement, je pense à la petite Sœur et je me dis que, peut-être, elle m'en veut d'avoir douté de sa puissance ; mais je m'en tiens là.

Cependant ma langue continue à me gêner beaucoup et je commence à être inquiète. Enfin, prise de peur, je me relève, je m'adresse à S' Thérèse pour lui demander pardon, la priant de me donner confiance en elle. Immédiatement je cessai d'avoir mal à la langue.

Depuis lors elle m'a accordé plusieurs grâces intérieures bien grandes et je me sens pour cette puissante sainte une confiance illimitée.

S<sup>r</sup> X.,<br>religieuse hospitalière.

## 88.

Londres, 17 décembre 1911.

Mme Stuart a 45 ans, elle habite les faubourgs de Londres. Elle travaille comme femme de journée à la blanchisserie des religieuses de Marie-Auxiliatrice, pour gagner sa vie et celle de ses enfants.

Le 29 novembre dernier, vers huit heures du matin, elle venait comme d'ordinaire à son travail par le tramway électrique. Arrivée en face du Couvent, elle pria le conducteur de stopper; mais la voiture s'étant remise en marche avant qu'elle soit complètement descendue, elle fut traînée sur un parcours d'environ cent mètres. Arrivant au Couvent le visage décomposé et les vêtements couverts de boue, elle fut obligée de raconter son accident. La sœur infirmière vint la voir et lui donna ses soins : la jambe et le côté gauche étaient couverts de meurtrissures, le bras gauche était fortement contusionné et écorché. Mme Stuart, invitée à rentrer chez elle pour se reposer, insista pour rester et faire son travail, afin de ne pas perdre le salaire de sa journée. A cinq heures du soir, comme elle n'en pouvait plus, la sœur infirmière lui fit un nouveau pansement, et elle rentra chez elle.

Pour se déshabiller et se mettre au lit, il lui fallut le secours de ses filles, et de même le lendemain pour s'habiller. Mais elle persista à vouloir venir travailler. Les Sœurs, par charité, lui donnèrent un semblant de travail qu'elle pouvait faire en gardant son bras gauche appuyé. Déjà l'enflure avait gagné ce bras, et la sœur infirmière avait conseillé à Mme Stuart d'aller le montrer à un médecin de l'hôpital. La malade avait refusé, craignant d'être obligée au repos. Mais quand l'infirmière revint, vers cinq heures du soir, pour faire un nouveau pansement, elle constata que l'écorchure et les contusions du bras avaient beaucoup plus vilaine apparence que la veille et le matin même : l'enflure avait considérablement augmenté et les doigts étaient violacés, la plus légère pression sur le bras faisait crier la malade. La Sœur renouvela ses instances pour la faire aller à l'hôpital; ce fut en vain; alors, elle eut l'inspiration de recourir à la « petite Fleur », comme nous la nommons familièrement ici depuis que nous avons lu sa vie.

Après avoir de nouveau lavé la plaie à l'eau boriquée (c'est le seul remède qu'elle ait employé), elle promena sur tout le bras de la malade une relique de Ste Thérèse de l'Enfant-Jésus en la priant de le guérir; puis, ayant rhabillé la pauvre femme qui était incapable même de plier le bras, tant elle souffrait, elle la conduisit à la chapelle, et là, lui mettant sous les yeux une image-portrait de la « petite Fleur », elle lui dit de lui demander sa guérison. Toutes deux prièrent ensemble pendant un quart d'heure environ, après quoi Mme Stuart regagna sa demeure.

Arrivée chez elle, elle se laissa tomber sur une chaise, à bout de forces. Sa fille aînée, la voyant si lasse, se mit en devoir de lui préparer une tasse de bouillon.

Cependant la malade s'était endormie, chose qu'elle n'avait pu faire depuis sa chute. Une heure plus tard, elle était réveillée par l'impression d'une personne debout et penchée près d'elle. Son visage, nous dit-elle, ressemblait à celui de la petite Ste Thérèse, tel qu'elle l'avait vu sur l'image...

Sa fille, la voyant éveillée, lui présenta le bouillon qu'elle avait préparé, et, toute surprise de voir sa mère prendre la tasse de la main gauche, elle lui demanda comment était son bras. La pauvre femme, qui semblait sortir d'un rêve, à cette question palpa son bras et s'écria : « Mais je suis guérie ! » Pour s'en convaincre, elle plia et tourna dans toutes les directions ce bras dont elle ne pouvait absolument pas se servir et qu'on ne pouvait toucher sans lui causer de grandes douleurs. Sa surprise grandit encore lorsque, aussitôt après, en se déshabillant pour se mettre au lit, elle s'aperçut que ni le bras, ni le côté, ni la jambe ne portaient plus aucune trace d'enflure et de meurtrissure, et que l'écorchure était tout à fait cicatrisée.

Pendant ce temps, au Couvent de Marie-Auxiliatrice, la sœur infirmière, après avoir vu partir sa malade, revenait à ses occupations. Tout en y vaquant, elle se sentit soudain comme déchargée d'un poids énorme qui l'oppressait ; car depuis deux jours elle était angoissée au sujet de cette femme qui ne voulait pas voir de médecin. Elle éprouva, a-t-elle assuré, quelque chose de surnaturel qui la remua profondément et qu'elle ne pourra jamais oublier.

Le soir, à la récréation, elle dit aux religieuses avec un accent qui les impressionna : « M$^{me}$ Stuart est guérie ! Je sais que la « petite Fleur » l'a guérie. Demain, quand elle reviendra, il n'y aura plus de traces de son accident. »

En effet, le lendemain, les Sœurs constatèrent que cette prophétie était vraie !

La reconnaissance de la malade et de la sœur infirmière ne se peuvent dire. Ensemble, elles sont aussitôt montées à la chapelle pour remercier Dieu de les avoir si vite et si complètement exaucées par l'intermédiaire de la chère petite Sainte ; et chaque jour depuis, M$^{me}$ Stuart ne manque pas, sa journée de travail achevée, d'aller faire une visite d'action de grâces au Très Saint Sacrement.

Dans toutes ses difficultés et ses embarras, elle a recours à l'Ange de Lisieux, et déjà elle est en voie d'obtenir, par son intercession, une grâce très importante qui intéresse sa fille aînée.

Il est inutile d'ajouter que la confiance de la sœur infirmière dans la « petite Sœur » n'a plus de bornes et que, tout en exécutant ponctuellement les ordonnances des médecins, elle attend bien plus de l'efficacité des reliques de cette grande petite sainte que de tous les remèdes qu'elle fait prendre à ses malades.

S$^r$ X.

89.

X. (France), 21 décembre 1911.

Dans la nuit du 21 juin, je venais de finir l'Histoire d'une âme, j'étais encore sous l'impression de la mort de S$^{te}$ Thérèse que je venais de lire. Il était minuit. Que se passa-t-il dans mon cœur ? Je l'invoquais pour qu'elle protège mes deux enfants, mais elle fit plus. Elle me reprocha mes désordres, j'eus la contrition de tous mes égarements et je versai d'abondantes larmes en songeant à ma misérable vie de samaritaine !

Alors, je lui promis de changer de vie, et j'ai tenu parole. Maintenant je m'approche chaque mois de la sainte Table.

Ah ! il n'y a que Dieu pour savoir pardonner ! Je m'explique pourquoi S' Thérèse, cet ange de Dieu, ne repousse pas la prière d'une pécheresse...
X.

---

**90.**

T. (Nord), 25 décembre 1911.

Pierre D., âgé de trois ans et demi, tomba malade le 10 octobre dernier à midi, après avoir passé la matinée en promenade ; il se plaignit de maux de ventre. Les douleurs allèrent en augmentant pendant trente-six heures, et, à l'issue d'une consultation, les docteurs jugèrent devoir faire l'opération de l'appendicite immédiatement. Le pauvre petit avait l'appendice aussi long que celui d'un homme ; de plus, il était perforé, et il y avait déjà du pus dans le péritoine.

Dans la soirée, une de nos amies apporta une relique de S' Thérèse de l'Enfant-Jésus, nous recommandant de la prier avec confiance, car elle opérait des prodiges... La relique fut aussitôt placée sur le petit malade, et l'on demanda des prières au Carmel de Lisieux.

Les trois jours qui suivirent l'opération furent bons ; mais après, le pauvre enfant recommença à souffrir, et les 17 et 18 octobre, ses souffrances devinrent atroces. Malgré cela, il n'avait pas de fièvre, de sorte que les docteurs, ne comprenant pas ce qui le faisait tant souffrir, craignaient de la paralysie d'intestin et de l'urémie. Enfin, le 21, les docteurs jugèrent qu'il fallait à nouveau recourir à une intervention chirurgicale : ils découvrirent du pus dans l'intestin et furent obligés de mettre deux drains.

Le lendemain 22, ils trouvèrent le petit malade d'une faiblesse extrême et se retirèrent désolés ; à ce moment, une terrible péritonite avait gonflé le ventre jusqu'au dessus de l'estomac. Malgré nos angoisses, nous ne cessions d'invoquer S' Thérèse avec confiance.

Le 24 octobre fut une journée terrible, c'était l'agonie... La plaie, qui avait toujours été belle, était affreuse... ; il y avait une odeur infecte dans la chambre du pauvre petit ; il avait d'affreux vomissements et souffrait horriblement... ; la figure était cadavérique, les yeux enfoncés et bleuis, les lèvres tombantes. Notre docteur, appelé en toute hâte, ne put que constater le dénouement de sa terrible maladie, disant : « Le corps de cet enfant doit être plein de pus ; il est d'ailleurs condamné depuis le 20... » Il lui fit donc des piqûres de morphine en vue de lui adoucir ses souffrances qu'on croyait être les dernières, et nous n'attendîmes plus que le dernier soupir de notre cher enfant.

Nous n'osions plus prier pour sa guérison, nous demandions seulement à Dieu de ne plus laisser souffrir ce petit innocent. Nous le laissâmes à la garde d'une personne dévouée pendant la seconde partie de la nuit qui suivit cette journée terrible, mais nous étions dans une continuelle angoisse, nous attendant à chaque instant à être rappelés près de lui pour le moment suprême...

Quel ne fut pas notre étonnement, le lendemain matin, en le retrouvant tout rose, la figure reposée et nous disant lui-même : « Je vais mieux ! »

Bien vite on fit demander le docteur, qui le trouva en effet transformé ; son pouls était meilleur, et sa plaie saignait au contact des instruments de pansement : c'était la vie qui était revenue chez notre enfant !

La convalescence se fit très rapide ; au bout d'un mois, toute trace de la terrible maladie avait disparu, et le petit Pierre, revenu à son état normal, avait repris toute sa gaieté et son entrain de jadis.

Suivent la signature des parents, des grand'mères, oncles, tantes et d'une amie de la famille, l'attestation de M. le curé, doyen de T:., et de son vicaire, avec le cachet de la paroisse, et le certificat médical, déclarant l'enfant atteint d'une appendicite perforatrice aiguë avec péritonite, le pronostic très grave et l'état actuel de complète guérison.

## 91.

Liverpool (Angleterre), 28 décembre 1911.

Pour accomplir une promesse faite à S<sup>r</sup> Thérèse de l'Enfant-Jésus, je désire vous faire connaître la faveur qu'elle vient de m'obtenir.

Depuis le 10 novembre, ma voix était complètement éteinte. Le 26 décembre je promis à la « Petite Fleur » que si elle me guérissait en vingt-quatre heures je publierais cette faveur. La nuit du 26 au 27, j'eus la sensation d'une main qui me pressait la gorge doucement mais fermement, plusieurs fois de suite, et je sentis que la voix m'était rendue. Le jour suivant, c'est-à-dire hier 27 novembre, j'ai pu parler sans aucune difficulté, à la grande surprise de toutes les personnes de mon entourage ainsi que de ma garde-malade et mon docteur.

Mrs A.

## 92.

Dalkey (Irlande), 31 décembre 1911.

M. B., âgé de 72 ans, a depuis longtemps une dévotion particulière à la « Petite Fleur ». Il ne sait ni lire ni écrire ; mais sa femme lui a lu sa Vie et il porte toujours sur lui une image qui la représente.

Un matin, à l'heure où il aurait dû se mettre en route pour son travail, sa femme, voyant qu'il ne s'apprêtait pas à sortir et lui trouvant un air singulier, lui demanda ce qui lui était arrivé.

« J'ai vu la « Petite Fleur », répondit-il, je ne sais si je dormais ou si j'étais éveillé ; mais je l'ai vue distinctement et elle m'a dit : « *Ne va pas travailler dans cette carrière.* »

Sa femme ne voulait pas le croire ; alors, les larmes aux yeux, il lui répéta : « Je l'ai vue ; elle était belle et ressemblait à son image ! »

Il n'alla donc point à son ouvrage.

Or, il se trouva que, ce jour-là, un autre ouvrier, allant travailler à la même carrière, fut blessé dans un grave accident dont M. B. aurait pu, comme lui, être victime, sans l'avertissement de S<sup>r</sup> Thérèse.

Depuis, le pieux vieillard a revu sa céleste bienfaitrice, accompagnée d'une religieuse converse du couvent de X., pour l'âme de laquelle il avait beaucoup prié. Il comprit qu'elle voulait dire que ses prières étaient exaucées et que cette âme était au Ciel.   X.

## 93.
### Extrait des Annales de l'Archiconfrérie de Notre-Dame du Suffrage de Saint-Denis (Ile de la Réunion).
(Numéro de décembre 1911.)

Nous donnons, dans sa rigoureuse fidélité, la déclaration qu'ont faite, de concert, les parents, les témoins et le docteur-médecin de la petite malade, que nous avons interrogée nous-mêmes. La guérison, comme on le verra, est vraiment surprenante.

« Une fillette de 10 ans, Suzanne Mersanne, de Saint-Denis, souffrait depuis quelques mois d'une inflammation à la gorge. Des granulations purulentes se faisaient voir au fond de la gorge et le mal gagnait les parties nasales. Une opération devenait urgente et déjà le médecin préparait la jeune enfant à la subir, lorsque la famille entendit parler de Sᵗᵉ Thérèse de l'Enfant-Jésus et de la Sainte Face. On commença une neuvaine de prières pour demander à la petite sainte une guérison complète, et l'on mit de côté médicaments et médecin. La fillette se trouva radicalement guérie à la fin de la neuvaine.

« Honneur, louanges et reconnaissance à la petite Fleur du Carmel ! »

Fait à Saint-Denis, le 31 août 1911, et signé par nous, avec reconnaissance.

Mᵐᵉ Daniel MERSANNE,
*Mère de l'enfant.*

F. JOLIAN,
*Voisin de la malade.*

Certifié conforme, sincère et véritable,

Abbé Félix HOARAU,
*Aumônier du Lycée Leconte de Lisle,
Directeur de l'Œuvre du Suffrage.*

## 94.
X., décembre 1911.

Au mois de février, je reçus la visite de ma bonne vieille mère, me demandant de m'unir à une neuvaine de remerciement à l'angélique petite Sʳ Thérèse de l'Enfant-Jésus, pour une grâce qu'elle avait obtenue.

Voici ce dont il s'agit :

Ma mère a pris la pieuse coutume de réciter tous les soirs, en se couchant, une prière en l'honneur de Sᵗᵉ Thérèse. Après avoir fait cette prière, le soir du 27 février, elle se sentit très souffrante et fut obligée de s'asseoir sur son lit ; mais quel ne fut pas son étonnement de voir tout à coup se produire dans son appartement une grande clarté et de sentir un parfum exquis ! Tout émotionnée, elle posa la main sur l'image de la petite sainte qui se trouve près de son lit et d'où partait cette lumière bénie, en disant : « Est-ce vous, ma petite S' Thérèse ? Obtenez-moi, je vous en conjure, de ne pas aller en enfer ! » (C'était sa grande crainte.)

Elle ajoute : « La grande lumière ne dura qu'un instant ; mais, pour me donner l'assurance que c'était bien elle, son image resta illuminée pendant une demi-heure. »

Ma mère me parut toute transfigurée en me faisant ce récit ; son émotion me gagna, j'aurais pleuré avec elle ; j'étais loin de penser à une pareille faveur, lorsque, peu de temps avant cette nuit mémorable, je plaçai l'image de notre petite sainte à la tête de son lit pour qu'elle soit sa gardienne.

Depuis, je trouve que ma mère est d'un recueillement qui ne lui était pas habituel. Elle a demandé à S' Thérèse les larmes de la contrition, et elle dit que la petite sainte l'a pressée intérieurement de lire la Passion de Notre-Seigneur, ce qu'elle fait tous les jours, et elle ne peut achever sa lecture sans répandre d'abondantes larmes.

Je dois dire que ma mère était loin d'être une personne mystique ; elle ne remplissait que médiocrement son devoir, sans toutefois y manquer. Maintenant, elle fait la communion quotidienne.

Je crois qu'elle me cache d'autres faveurs, elle a dû voir S' Thérèse depuis le 27 février ou, du moins, être visitée par elle d'une manière sensible. J'ai réussi avec beaucoup de peine à lui faire avouer qu'elle l'avait sentie près d'elle dans la nuit de Noël (je pense même qu'elle l'a vue). Dans son émotion elle s'est écriée : « Est-ce vous, ma petite S' Thérèse ? » Et aussitôt l'image s'est illuminée.

Depuis la première grâce, ma bonne mère orne avec une dévotion touchante cette précieuse image. Elle n'est pas riche et ne peut acheter de fleurs ; mais toutes celles de son jardinet sont pour sa bien-aimée petite sainte.

S' X.

## 95.

Missions de l'Uganda (Afrique), 1911.

**La lettre suivante, adressée à un bienfaiteur, a été publiée par le journal The Irish Catholic.**

Il y a 15 jours, deux enfants de notre école tombèrent malades : une petite fille, Madeleine, et un petit garçon, Vanati, tous deux âgés de 7 ans. Nous étions très inquiètes et nous priâmes S' Thérèse de l'Enfant-Jésus pour la guérison de Vanati, car le catéchiste venait seulement de l'amener d'un village éloigné, avec six autres petits garçons, pour les préparer à faire leur première communion. Il ne savait absolument rien de la religion, ayant été baptisé, il est vrai, mais repris par ses parents idolâtres qui l'élevèrent comme eux. S'il mourait, nous savions que le peuple de ce village serait effrayé du « Blanc Anglais » et retirerait ses enfants de nos Missions.

Quant aux parents de la petite Madeleine, ils demeuraient à deux milles seulement d'ici et n'étaient pas du tout effrayés.

Etant alors en travaux de réparations dans une partie de l'hôpital, les lits des enfants furent, par exception, placés à côté l'un de l'autre.

Tous deux étaient mortellement atteints, et le prêtre vint leur administrer le sacrement de l'Extrême-Onction. C'était un touchant tableau de voir le modeste autel, décoré de roses, placé entre les deux lits des petits malades, et ceux-ci, regardant avec admiration les lumières et attendant le prêtre. Madeleine était étendue, haletante, ne disant jamais un mot, mourant, comme la plupart des Bagandas, avec indifférence. Mais Vanati était tout autre.

Nous espérions que la « petite Thérèse » le guérirait, elle fit mieux ! L'enfant s'assit et commença à parler aux personnes présentes dans la salle. « Priez, mes amis, et servez bien Dieu, parce qu'il est bon... » Nous avions fait demander le père de l'enfant, qui vint avec quelques parents, et tous s'étonnèrent de la sagesse du cher petit. « Père, dit Vanati, il ne faut pas pleurer, je m'en vais où je serai si heureux ! et puis, rappelez-vous que je vais vous préparer une belle place dans le Ciel ; oui, je vais vous préparer une belle place, et je vais prier pour toute la tribu, et pour toutes les personnes qui sont actuellement dans cet hôpital. Oh ! que c'est bon, que c'est bon de venir ici et de mourir avec les Sœurs, car maintenant je suis heureux de mourir et de voir Dieu ! » Quand un prêtre ou une religieuse venait près des enfants leur parler, le petit Vanati levait ses bras et voulait être soulevé pour faire le signe de la croix sur le front de son visiteur. Le second jour de sa maladie, il quitta son lit et, tout chancelant, alla faire ses adieux à tous les autres malades.

Le troisième jour, les deux enfants étaient si affaiblis que nous vîmes qu'ils mourraient avant le soir ; mais, toujours le petit Vanati parlait de Dieu avec une sagesse étonnante, et une vieille femme protestante, dont le lit était voisin de celui de Vanati, nous raconta qu'à la première lueur du jour, essayant de se soulever, il s'écria : « Amis, il est temps de prier, car le jour est arrivé ! » Puis il dit à son père : « Tenez-moi pendant que je vais m'agenouiller, il faut que je prie. » Alors, il murmura : « Oh ! Dieu est bon ! Je m'en vais, je m'en vais à lui... » et, s'affaissant, il expira.

Au même instant, la petite Madeleine mourait également.

La mort de Vanati, au lieu de nous enlever des enfants, nous amènera, je crois, un grand nombre de convertis, même des mahométans, desquels, pourtant, il est très difficile de toucher le cœur.

Un protestant me disait : « Mère, cet enfant n'avait pas une âme d'enfant, mais celle d'un prophète divin ! »

La « Petite Fleur » ne nous a-t-elle pas aidées ?... Depuis que nous avons mis nos malades sous sa protection, aucun catholique n'est mort sans les sacrements et aucun infidèle sans le Baptême. Elle est extraordinaire, cette petite Ste Thérèse de l'Enfant-Jésus !

R[de] Mère Kevin.

L'hôpital en question fit appel en 1911, par le même journal irlandais, à la charité catholique, demandant des fondations de lits *au nom de la Petite Fleur de Jésus*. Les aumônes arrivèrent en abondance et, avec le surplus, les sœurs ont commencé à bâtir un hôpital pour les lépreux.

Afin d'obtenir le reste des fonds nécessaires, un nouvel appel a été lancé par le même journal, et la Révérende Mère Kevin n'a pas trouvé de meilleure récompense à offrir aux bienfaiteurs que de leur promettre de nommer la future léproserie : « Hôpital de la Petite Thérèse ».

Voici un autre fait qui prouve la popularité de la Servante de Dieu en Grande Bretagne.

Le R<sup>d</sup> Frère Lanfranc, supérieur des Frères de Charité, à Rochdale (Angleterre), étant décédé le 30 décembre 1911, on imprima ce seul éloge funèbre sur son image mortuaire :

« Comme il ne pouvait plus travailler pour elle, la Petite Fleur est venue le chercher. »

« Frère Lanfranc fut particulièrement renommé pour son dévouement à la cause de la Petite Fleur de Jésus, S<sup>te</sup> Thérèse de Lisieux, et travailla avec un zèle infatigable à la faire mieux connaître. »

## 96.

X., La Martinique, 2 janvier 1912.

Il y a deux mois, j'étais torturé par des tentations impures ; presque toute la nuit s'était passée à lutter contre elles, je n'avais cessé de prier Notre-Seigneur et sa très sainte Mère, j'avais récité plusieurs chapelets, récité l'invocation à saint Benoît, supplié le Cœur de Jésus de me délivrer, de ne pas me laisser succomber à la tentation. Rien n'y faisait. Alors, j'eus recours à votre chère petite sœur que j'appelle aussi *ma sœur*... Bientôt je la vis passer devant mes yeux, et j'entendis distinctement ces paroles au fond de mon âme : « *Pureté angélique !* » Ce fut comme un baume, une consolation intense qui descendit en mon cœur, et toutes mes tentations disparurent à l'instant.

Depuis, chaque fois que j'en suis harcelé de nouveau, je n'ai qu'à me répéter ces mêmes paroles : « *Pureté angélique* », pour ressentir la même joie, la même consolation et éprouver les mêmes bons effets.   X.

## 97.

D. (T<sup>al</sup> de Belfort), 2 janvier 1912.

Dans une maison, toute voisine de celle où j'occupe un modeste étage, on avait fait un lieu de scandale, et ceux qui l'avaient établi avaient juré de pervertir, avant une année, toute la jeunesse de D. et des environs.

C'était, toutes les nuits, la débauche la plus éhontée dont les échos venaient troubler mon sommeil et surtout m'arracher des larmes de douleur. Les honnêtes gens avaient porté des plaintes au parquet, qui n'en tenait aucun compte. Je priais, mais en vain, lorsqu'un jour j'eus l'idée de m'adresser à S<sup>te</sup> Thérèse de l'Enfant-Jésus à peu près en ces termes : « On dit que vous voulez être canonisée ; eh bien, je me ferai, dans votre Cause, l'avocat du diable et je plaiderai si bien que vous ne le serez jamais, si, dans huit jours, vous n'avez pas fait fermer cette mauvaise maison ! » Puis, prenant une de ses images, je la collai, la face contre le mur mitoyen, en disant : « Non, il n'est pas possible que vous, qui êtes un ange de pureté, vous puissiez vous souffrir en tel voisinage ! »

*Pluie de Roses.*

La nuit suivante, il n'y eut pas d'autre résultat qu'une bataille.. « C'est très bien, dis-je à la chère petite Sainte, mais cela ne suffit pas. »

Le cinquième jour, le directeur de cette maison d'infamies recevait l'ordre du Procureur de la République de la vider aussitôt, à moins qu'il ne voulût attendre qu'on l'y contraignît.

De plus, le tenancier de cette infernale demeure fut obligé de quitter la localité, et l'autorité judiciaire lui défendit, sous peine d'emprisonnement, d'y revenir.

En partant de D., le malheureux, jetant un regard de malédiction vers mon appartement, s'écria : « Il n'y a que celui-là, oui, il n'y a que celui-là qui ait pu me faire partir ! »

Oh ! non, pauvre égaré, ce n'est pas moi qui ai eu ce pouvoir, mais la sainte petite S' Thérèse de l'Enfant-Jésus. Elle a relevé le gant ! Elle a voulu montrer qu'elle est digne d'être béatifiée et canonisée.

R. P. Joseph, *missionnaire apostolique.*

## 98.

O. (Calvados), 5 janvier 1912.

Dans les derniers jours d'octobre, une enfant de ma paroisse, âgée de cinq ans environ, a été prise subitement d'une congestion pulmonaire et d'une très forte attaque de méningite. Personne n'espérait plus la sauver, et le médecin me disait un samedi matin : « Je ne reviendrai pas demain, à moins qu'on ne vienne me chercher de nouveau. »

Une personne du voisinage possédait une relique de votre petite S' Thérèse ; elle veut bien la donner à la mère, qui l'attache sur la poitrine de son enfant.

Quelques instants après, la petite malade se dresse sur son lit : elle ne souffre plus ! Dès le lendemain, à la grande surprise de tous, elle demande à se lever et, depuis ce jour, elle a repris sa petite vie ordinaire et ne se ressent de rien.

J'avais promis de vous écrire ce fait, ma Révérende Mère ; je viens aujourd'hui accomplir ma promesse.

F. L., *curé.*

## 99.

Trim-Meath (Irlande), 5 janvier 1912.

Une jeune femme de ma connaissance abandonna ses devoirs religieux il y a plusieurs années. Depuis, elle vivait loin de Dieu et n'assistait même plus à la messe le dimanche.

Le 23 décembre, elle reçut la brochure « Appel aux petites âmes ». Sans même la regarder, elle la posa sur une table et n'y pensa plus.

Soudain, le 2 janvier, elle se sent envahir par une impression extraordinaire de paix et pressée d'ouvrir le petit livre.

A peine en a-t-elle lu quelques pages, qu'une transformation s'opère dans son âme. La lumière de la foi l'inonde subitement : elle est convertie.

Elle reprit alors sa lecture et constata avec attendrissement que S' Thérèse venait d'opérer cette merveille au jour anniversaire de sa naissance.  X.

---

**100.**

Carmel de X. (France), 7 janvier 1912.

Depuis deux ans, ma mère, atteinte de la furonculose, souffrait de clous répétés. Les derniers prenaient des proportions inquiétantes et son état général me donnait de grands soucis.

Le jour de sa visite qui précéda l'Avent, au mois de novembre 1911, elle souffrait tant que je l'engageai à commencer une neuvaine à notre chère petite S' Thérèse de l'Enfant-Jésus. Quinze furoncles avaient formé sous le bras droit un énorme flegmon, le mal menaçait d'atteindre les glandes et causait des douleurs intolérables. — Les plaies encore vives, laissées par les précédents que l'on brûlait plusieurs fois par semaine, ne faisaient qu'accroître cet état douloureux. — Enfin je trouvais ma pauvre mère si triste, si changée, que je craignais ne plus la revoir !

Alors je me rappelai le songe que j'avais fait quelques jours auparavant. J'avais vu notre bien-aimée petite Sœur m'apparaître et m'affirmer qu' « *on ne l'invoque jamais sans recevoir une réponse quelconque* ». J'étais pleine de confiance et je communiquai cette confiance à ma mère qui résolut de cesser toute médication, pendant la neuvaine, et de remplacer par une relique de S' Thérèse les applications si douloureuses du thermocautère.

Nous commençâmes donc la neuvaine en communauté pendant que la chère malade la faisait de son côté, ne craignant pas de montrer au docteur (très incrédule) le remède qu'elle avait choisi. « En fait de miracle, lui dit-il, il nous en faudra venir dans quelques jours à l'opération ; non seulement nous recueillerons une tasse de pus, mais il vous faudra garder des drains pendant quelque temps. » Or, voici que cet énorme abcès commença à se vider de lui-même ; les plaies laissées par les précédents se fermèrent, et, à la fin de la neuvaine, tout était guéri, au grand étonnement du médecin. Ce qui le surprit davantage, paraît-il, c'est qu'il n'y avait plus trace de rien, tandis que ces sortes de maux, surtout quand ils sont répétés, laissent toujours pendant un temps très long des grosseurs qui, parfois même, ne disparaissent jamais.

Je n'ai pas besoin de vous dire, ma Révérende Mère, si notre reconnaissance est grande. Ma mère se propose de faire un pèlerinage d'action de grâces à la tombe de sa bienfaitrice dès les premiers beaux jours. — Ce qui l'a beaucoup frappée, c'est que deux de ses plaies se sont fermées le jour du pèlerinage d'une de mes amies, fait au cours de la neuvaine à cette tombe bénie.

S' X.

## 101.

T. (Seine-et-Oise), 8 janvier 1912.

Au mois de février 1911, après la préparation à la Communion privée de quatre de mes enfants, j'ai commencé à m'affaiblir d'une façon sensible. A la fin de mars, la fièvre me prenait, peu violente, mais continue et tenace, au point qu'il me fallut rester une grande partie de mes journées sur ma chaise longue : piqûres de cacodylate de fer, de strychnine furent essayées sans succès. A la fin de mai, un docteur de Paris porta un diagnostic peu rassurant et me mit au repos complet avec injections de radium. Juin et juillet se passèrent au lit et sur la chaise longue, sans résultat ; au contraire, l'amaigrissement continuait et la fièvre persistait.

Août et septembre furent si mauvais que l'on m'enleva tous mes enfants. En octobre, je ne quittais plus mon lit, soignée par deux médecins des hôpitaux de Paris. Les progrès du mal furent si rapides qu'au commencement de novembre notre bon curé me prépara à faire le sacrifice de ma vie. Le docteur qui me soignait ne pouvait, d'une façon précise, diagnostiquer la maladie qui me minait, mais il était très inquiet de son issue à cause de mon extrême faiblesse. Je ne mangeais plus rien, on me soutenait au champagne, au café, mes extrémités se refroidissaient.

Le 11 novembre, une nouvelle consultation eut lieu ; mais, devant commencer le lendemain une neuvaine à notre petite S' Thérèse, je refusai d'employer les moyens médicaux avec les surnaturels. Nous commençâmes donc notre neuvaine le 12, promettant ma visite au tombeau de notre petite sainte si elle voulait bien m'obtenir ma guérison.

Je dormis douze heures la nuit suivante, alors que depuis longtemps je ne connaissais plus le sommeil ; et, le lundi 13, une force intérieure irrésistible me poussa hors du lit à 7 heures du matin, malgré une résistance de ma part. J'étais guérie, sans convalescence, reprenant immédiatement, sans transition, appétit, vie active, comme si rien ne s'était passé.

Depuis, j'ai augmenté de 35 livres, et j'ai affronté des fatigues physiques et morales peu ordinaires : voyage immédiat à Lisieux, garde de deux de mes enfants gravement malades, protégés aussi par ma petite sainte, avec laquelle, depuis ce temps, je vis dans une délicieuse intimité.

J'ai oublié de dire que, dans le courant du mois de mars, une odeur de violette pénétrante et délicieuse m'avait envahie à deux reprises différentes.
C. F.

*Suivent la signature de M. le Curé de T. et plusieurs autres. Suit également le certificat du mari de M<sup>me</sup> X., docteur en médecine. Il se termine ainsi :*

Après quelques mois de soins, suivis d'aggravation, je priai au mois de septembre mon ami, le D' G., des hôpitaux de Paris, de me donner son avis et de diriger le traitement. Ses efforts furent aussi vains que les miens et, effrayé lui-même des progrès rapides faits en quelques semaines, il demanda à son tour l'avis du docteur R., professeur agrégé à la Faculté de Paris ; celui-ci jugea l'état grave, non irrémédiable cependant, et nécessitant en tous cas des soins minutieux et très prolongés.

Le lendemain même de sa consultation, la malade était guérie et retrouvait, chose inexplicable, instantanément ses forces, malgré l'atrophie musculaire.

Depuis cette époque (deux mois exactement), la guérison ne s'est pas démentie, l'état demeure excellent.

D' F.

13 janvier 1912.

## 102.

*Carmel de X. (Irlande), 13 janvier 1912.*

Le docteur G., de C.-G., a dit dernièrement à l'un de ses amis, en parlant de la « petite Fleur », qu'il a obtenu des « centaines de merveilles » avec la terre de sa tombe.

## 103.

*Perpignan (Pyrénées-Orientales), 11 janvier 1912.*

Au début de janvier 1911, Gabriel Lhéritier, âgé de 20 mois, était atteint de fièvre scarlatine et d'angine diphtérique. Le mal fit un progrès si rapide que bientôt il n'y eut plus d'espoir de guérison. Le 12 janvier, après avoir déclaré que l'enfant n'avait plus que quelques heures à vivre, le docteur, décidé à ne plus revenir, présenta ses condoléances à la famille éplorée. La garde-malade avait préparé le suaire pour en revêtir le petit corps déjà refroidi. L'enfant souffrait beaucoup ; il avait perdu l'ouïe et la vue et agitait la tête dans tous les sens.

Sur le soir, une personne présente (tante du petit malade et mère de celui qui écrit ces lignes) eut une inspiration subite : placer une relique de Sᵗ Thérèse de l'Enfant-Jésus sur la tête du mourant pour adoucir les derniers instants de sa cruelle agonie. A ce moment l'enfant ne bougeait plus, il était dans le coma. Mais voici que peu après, vers 3 heures du matin, il commença à ouvrir les yeux, à desserrer les dents et avala quelque liquide. Bientôt il demanda à manger. On appela le docteur ; quelle ne fut pas sa stupéfaction à la vue de l'enfant hors de danger !

Le petit protégé de Sᵗ Thérèse fut en quelques jours complètement rétabli. Il jouit présentement d'une santé florissante. La photographie de sa céleste bienfaitrice domine son berceau. Tous les jours il lui adresse une invocation reconnaissante. Cette guérison a laissé dans la famille une profonde impression de surnaturel. Depuis ce fait merveilleux, la renommée de la « petite Fleur » du Carmel de Lisieux s'étend de plus en plus dans notre ville. On veut lire l'*Histoire de son âme*, et chacun s'édifie de sa doctrine, à la fois « suave et forte », vraiment venue du ciel.

Abbé J. VILENOVE, *curé de Vira,*
diocèse de Perpignan.

Suivent le cachet de la paroisse, la signature des parents, de plusieurs personnes de la famille, de la garde-malade et le certificat médical déclarant le pronostic « fatal » et la « guérison totale ».

## 104.

Kingston (Irlande). 17 janvier 1912.

Je suis prête à déclarer sous serment que l'écrit suivant est l'exacte relation de la faveur que j'ai obtenue par l'intercession de la « petite Fleur de Jésus ».

Le lundi 1ᵉʳ janvier 1912, un peu après 4 heures du soir, je montai dans un tramway. Je déposai sur la banquette mon porte-monnaie contenant 35 fr. 40, et je me mis à lire. Le trajet était court ; je ne tardai pas à descendre, oubliant ma bourse dans le tramway.

Je m'aperçus aussitôt de mon malheur. Étant très pauvre, cette perte était considérable pour moi. Je fis donc toutes les recherches possibles, mais hélas ! je ne trouvai aucune trace de ma bourse, pas même au bureau des objets perdus.

Pendant tout ce temps, je priais Sᵗᵉ Thérèse, et le soir, bien que nul ne m'encourageât dans mon espoir, je dis à quatre personnes que j'avais la confiance de retrouver mon argent par l'intercession de la « petite Fleur ». J'avais son image, je récitai les prières imprimées, puis un rosaire en son honneur avant de me coucher. Je pouvais à peine dormir, le souvenir de la perte que j'avais faite me préoccupait, parfois je sanglotais, mais ne cessant d'appeler la petite sainte à mon secours. Et voilà que, tout à coup, je la vis comme elle est représentée sur son image ; son bras droit était levé, montrant la ville ; elle me souriait en disant : « *Sois contente, j'ai ta bourse... je la garde là-bas pour toi* », indiquant la direction du bureau des objets perdus.

Le lendemain matin, je racontai cela à deux personnes, qui me crurent folle et qui furent bien étonnées quand, après m'être rendue où Sᵗᵉ Thérèse me l'avait indiqué, je revins à la maison avec ma petite bourse et tout son contenu !

Cette relation a été écrite et signée de ma main.

Miss Rosanna Mowles.

J'atteste que la dame qui a écrit cette lettre est digne de foi.

Signé : Richard Flemming, *vicaire*,
paroisse de Kingston.

J'atteste que l'apparition m'a été racontée le matin du 2 janvier, avant que la bourse ait été retrouvée.

Margaret Q.

## 105.

X. (France), 20 janvier 1912.

Il y a un an, je reçus une image de Sᵗᵉ Thérèse de l'Enfant-Jésus et, en riant, je la mis de côté, car j'étais alors une impie.

Cependant chaque fois que je la retrouvais je me sentais forcée d'y fixer mon regard et, de guerre lasse, je fis la prière qui s'y trouve imprimée.

Poussée par je ne sais quelle force invincible je la refis le lendemain. Le surlendemain je reçus la visite d'un prêtre ; il venait donner une mission dans la paroisse voisine de la nôtre ; il nous invita à l'entendre prêcher.

L'invitation me parut une ironie et j'en ris d'abord. Aller à l'église écouter des sermons, moi que la souffrance a jetée dans le désespoir et que le désespoir a fait rouler au fond de l'abîme du vice !

Quelqu'un me dit : « Allons-y pour rire ! » Je ris bien fort de son idée et cependant je partis.

J'entrai, raide et fière, dans la demeure divine, et regardant avec dédain la foule recueillie, elle me semblait un troupeau d'esclaves et l'église une prison !

Le lendemain, *pour rire,* j'y retournai. Puis, par curiosité et fanfaronnade, j'entrai dans le confessionnal du prédicateur, où je m'agenouillai, bien résolue à partir au moment critique. Soudain, le guichet s'ouvre ! je veux fuir... Mais une force inexplicable me retient... Prise de peur, la parole expire sur mes lèvres, mon cœur cesse de battre, il me semble que je vais mourir. J'essaie encore de me lever, mais deux mains invisibles se posent sur mes épaules ; je veux crier « au secours », aucun son ne sort de ma gorge. Enfin, par un miracle que je ne puis comprendre, le prêtre me confesse comme s'il m'avait connue depuis de longues années !

Ce fut ce que jamais je n'aurais osé dire qu'il aborda en premier... J'étais vaincue par la grâce et je sortis en pleurant.

Depuis, j'ai lu la Vie de S' Thérèse de l'Enfant-Jésus et je lui demande avec instance de prendre en pitié des âmes qui me sont chères et de les ramener à Dieu, comme elle m'y a ramenée moi-même. X.

### 106.

Rouen (Seine-Inférieure), 22 janvier 1912.

Mon fils était parti de la maison paternelle. Toutes mes prières pour obtenir son retour étaient restées sans résultat. Je m'adressai alors à S' Thérèse et lui promis d'aller en reconnaissance faire un pèlerinage sur son tombeau. Elle entendit mes supplications : mon fils nous écrivit, demandant à rentrer à la maison ! Ah ! ma Révérende Mère, quelle joie pour nous ! Comment vous dire le chagrin que nous avions eu jusqu'à l'arrivée de cette heureuse nouvelle ! Depuis son retour ce pauvre prodigue nous a raconté qu'il avait voulu se suicider, mais qu'une force intérieure, quelque chose dont il ne se rend pas compte, l'avait retenu.

Il est maintenant changé du tout au tout, il est devenu un fils modèle. Je vous l'écris, afin que vous puissiez publier ce grand miracle dans la Pluie de roses. V'" V. R.

### 107.

A. (Nord), 23 janvier 1912.

Mon frère René, après une longue maladie, s'est pieusement endormi dans le Seigneur, le dimanche 14 janvier, à 10 heures du matin. J'ai vu beaucoup de morts édifiantes dans ma famille ; mais aucune ne m'a laissé l'impression ineffable de celle-là.

Il me dit un jour avec effusion : « Oh ! que tu es bonne ! comme je te remercie de m'avoir fait connaître S' Thérèse ! Combien je suis changé depuis ; j'ai obtenu par elle tant de grâces spirituelles ! »

Il vit venir la mort sans inquiétude et fit généreusement le sacrifice de sa vie ; cependant il espérait que S' Thérèse le guérirait et il garda cet espoir jusqu'à la dernière minute, croyant même, par une consolante et merveilleuse intervention de votre Ange, avoir obtenu le miracle de sa guérison, car il ne souffrit plus du tout à partir de la scène que je vais vous rapporter : C'était la veille de sa mort, ma mère se trouva un instant seule près de lui. Il s'écria tout-à-coup : « Maman, regarde ; la petite S' Thérèse est là !... Oh ! qu'elle est belle ! » A ce moment j'entrai dans sa chambre avec mon autre frère et la religieuse garde-malade. René se tourna joyeusement vers nous et nous dit : « Vous allez sentir les violettes. » Lui qui, un moment auparavant, était dans un abattement profond et ne pouvait plus ni parler ni bouger, se mit à réciter un Ave Maria à haute voix et nous dit encore : « Vous sentez, n'est-ce pas, le parfum des violettes ? »

Ma pauvre mère, pâle d'émotion, l'engagea alors à réciter la prière pour demander la béatification de la petite sainte ; il le fit tout haut sans en omettre une syllabe. Puis, se croyant guéri, car il avait tout à fait cessé de souffrir et se sentait très bien, il s'assit sur son lit et voulut nous embrasser tous. Ensuite il demanda gaiement à manger et voulut boire du champagne ; il dit à la sœur infirmière qu'elle perdrait son temps à le veiller, car il allait certainement bien dormir. Enfin, pendant deux heures, il fut plein d'entrain et de vie. Entre autres choses, il me dit que dès qu'il aurait fait assez d'économies, il m'emmènerait en pèlerinage d'action de grâces avec lui à Lisieux.

Enfin nous le quittâmes tous, sauf ma mère. Demeurée seule avec lui, elle lui demanda si vraiment il avait vu S' Thérèse : « Oui, je l'ai bien vue, répondit-il. Elle était belle, très belle !... Oh ! qu'elle était belle !... » Il ajouta : « Elle m'a dit quelque chose... » — « Quoi donc ? » interrogea ma mère... » — « Ah ! tu verras... répliqua-t-il d'un air mystérieux, il va arriver quelque chose ici... mais... tu verras, maman. »

Il ne nous a pas dit son secret, mais nous gardons de cette inoubliable scène la conviction profonde qu'il a dû voir le céleste sourire de votre angélique sœur et que cet événement mystérieux qu'elle lui annonça était sans doute sa prochaine entrée dans le bonheur sans fin. Le cher enfant a dû jouir de cette promesse sans la comprendre lui-même, car, je le répète, il ne ressentit plus aucun mal, son agonie fut sans souffrance et il se crut guéri jusqu'à l'instant suprême où le divin Médecin vint le prendre pour l'introduire dans la vie éternelle.

Cette mort si douce et si paisible était une réponse à la prière confiante du cher enfant qui, devant moi, avait demandé la grâce de ne pas avoir « une trop longue et trop pénible agonie ». Il mourut en récitant le *Pater*, à ces mots : « Que votre nom soit sanctifié... »   V. D.

### 108.

X. (France), 23 janvier 1912.

Dans les derniers jours de novembre 1911, une personne demandait à me voir ; elle m'était complètement inconnue. C'était une pauvre âme aux prises, tout à la fois, avec une grande misère matérielle et une non moins grande détresse morale.

Après avoir discuté un peu sur le but de sa visite qui était de me demander à l'aider pour trouver de l'ouvrage, je l'engageai à prier Sᵗᵉ Thérèse afin d'obtenir du bon Dieu le secours nécessaire. « Je n'ai pas la foi », répond-elle sur un ton farouche, indiquant le plus profond désarroi intérieur. Nouvelles instances de ma part. J'entremêle de paroles compatissantes ma recommandation de prier et de s'abandonner à la Providence par la « petite Thérèse » dont je lui remets une image, en lui conseillant de faire devant elle une confiante neuvaine. Déjà la malheureuse paraît vaincue en voyant ce touchant portrait. Cependant elle ajoute : « J'ai trop offensé Dieu pour qu'il m'exauce. — Que pouvez-vous donc avoir fait de si extraordinaire... demandai-je, ce que tant d'autres ont fait sans doute ? — Je ne puis vous le dire ici où l'on nous entendrait. » Et déjà sa voix est coupée par les sanglots.

Je la conduis à l'écart et là je reçois un complet et émouvant aveu des grandes misères qui remplissaient son âme vaincue à cet instant par la grâce. Quelles larmes et quelle contrition ! Quel désir sincère de se réconcilier avec Dieu et de vivre chrétiennement !

Depuis elle est revenue plusieurs fois à la Table sainte. Mais Sᵗᵉ Thérèse ne s'en est pas tenue là ; la situation matérielle de cette pauvre femme s'est améliorée sensiblement. A la suite de sa neuvaine, elle a obtenu un travail suffisant pour écarter de cruelles difficultés.

Abbé X., *prêtre*.

---

### 109.

*A la relation qui précède, M. l'abbé X. ajoute la copie d'une lettre qu'il reçut dernièrement. Nous la donnons ici :*

Monsieur l'Abbé,

C'est sous l'inspiration de l'angélique Thérèse de l'Enfant-Jésus que je trace ces lignes ; c'est elle qui m'envoie vers vous. Voilà deux nuits que je m'éveille subitement avec son nom à l'esprit. A tout prix, elle veut que je rentre en grâce avec Dieu.

Je ne sais, Monsieur l'abbé, si je pourrai aller jusqu'au bout, car l'aveu est terriblement dur. Mais la petite sainte le veut... Demain je vous dirai mes fautes afin d'en obtenir le pardon ; ce soir, sous son inspiration, je commence une neuvaine afin d'obtenir la grâce de renouveler totalement ma vie.

## 110.

Valence (Espagne), 24 janvier 1912.

Je prends la hardiesse de vous écrire, ma R<sup>de</sup> Mère, pour vous demander une petite relique de S<sup>r</sup> Thérèse de l'Enfant-Jésus. C'est pour un jeune homme impie, très connu dans la ville, et qui lui doit le miracle de sa conversion. On avait porté chez lui la photographie de S<sup>r</sup> Thérèse, et la pensée lui vint, un jour de grande souffrance, car il est poitrinaire, de l'invoquer pour un mal de dent : « Si vous êtes une sainte à miracles, lui dit-il, faites que je cesse d'avoir mal et que cette dent ne me fasse plus jamais souffrir ! » Sa prière finie, le mal cessa immédiatement. Depuis il eut confiance et la pria du fond du cœur… mais il fallait la conversion entière.

Une nuit l'angélique vierge lui apparut, laissant après elle un parfum délicieux. Transformé par la grâce et voulant « faire plaisir à S<sup>r</sup> Thérèse », il déclara le lendemain : « Je veux me confesser : je suis catholique. Je déteste ma vie passée et je voudrais me porter assez bien pour pouvoir publier dans toute la ville le nom de cette sainte qui m'a converti ! »

Il est resté depuis dans ces excellentes dispositions.                              X.

## 111.

III A. Castles Peace, Roman Road. Motherwell (Ecosse), 24 janvier 1912

J'entrai comme postulante au noviciat des Petites Sœurs des Pauvres de Glasgow, le 24 septembre 1910. Peu de temps après, en voulant arranger une fenêtre, je perdis l'équilibre et je tombai sur le plancher. D'abord je ne fis aucun cas de l'accident ; mais quinze jours plus tard je commençai à avoir mal à la tête et ma vue s'affaiblit tellement que je ne pouvais plus rien voir de l'œil gauche. Le 5 janvier, une des Sœurs m'amena chez le docteur S., qui, après m'avoir examinée, déclara que j'avais la cataracte sur l'œil gauche et que, pour l'enlever, il fallait une opération. Ce fut le seul qui parla de cataracte ; tous les autres médecins que je vis dans la suite furent d'un avis différent. Alors toutes les Sœurs m'aidèrent à faire une neuvaine à la « Petite Fleur de Jésus » ; mais, d'abord, elle sembla ne faire aucun cas de nos prières. Cependant je ne perdis pas confiance en elle et je gardai toujours l'espoir qu'elle me guérirait.

Le 4 février, je fus envoyée dans ma famille pour me soigner. Deux jours après je me présentai à la clinique de la rue Regent, et là les professeurs me dirent qu'ils ne pouvaient rien pour moi, car la vue de l'œil gauche était complètement éteinte, et ils me conseillèrent de soigner l'œil droit, que j'étais en danger de perdre aussi.

J'eus l'idée d'aller à la clinique pour les yeux, de la rue Berkeley ; le professeur F. dit que j'étais incurable et que la seule chose qu'il puisse faire pour moi était de me donner un mot pour un opticien, afin de me procurer une paire de lunettes spéciales pour la préservation de l'œil droit.

J'allai encore consulter le docteur de la famille à Motherwell et, comme les autres, il me dit que j'étais incurable. Après avoir entendu l'avis de tous les professeurs et docteurs, je priai la « Petite Fleur » plus ardemment, car je savais que les saints de Dieu peuvent faire plus que les plus savants médecins.

Je fis une neuvaine de communions en l'honneur de la « Petite Fleur » pour obtenir ma guérison. La neuvaine finit le vendredi sans que je fusse guérie, mais je ne perdis pas encore confiance.

Le lendemain samedi, 25 février 1911, j'allai communier et je priai avec plus de ferveur que jamais... O merveille ! subitement en quittant l'église, je m'aperçus que je voyais très bien ! Cependant je ne pouvais croire que je fusse guérie : n'y avait-il pas trois semaines que tous les docteurs et professeurs m'avaient abandonnée comme incurable !...

Je mis alors la main sur mon œil droit, et, de cet œil gauche, complètement éteint quelques secondes plus tôt, je distinguai nettement tout ce qui m'entourait. Nul doute : j'étais parfaitement et miraculeusement guérie !

Quand j'arrivai à la maison, mes parents se refusèrent d'abord à croire l'heureuse nouvelle. Pour s'en convaincre, ma mère me banda l'œil droit et chacun me montrait des objets et s'émerveillait en m'entendant nommer ce qui m'était présenté.

Je voulus, pour prouver mieux encore à tous ma guérison, rester ainsi pendant deux jours, l'œil droit bandé, et, durant ce temps, avec mon œil gauche, je ne cessai de travailler dans la maison.

Je retournai ensuite chez le docteur J., à Motherwell ; il m'avoua qu'il n'avait jamais vu chose semblable et qu'un vrai miracle avait été accompli en ma faveur.

Avec quelle gratitude je reconnais devoir ce miracle à la « Petite Fleur » de Jésus !  Miss MARGARET MALONE.

30 janvier 1912.

C'est un grand honneur aussi bien qu'un grand plaisir pour moi de rendre témoignage à la vérité de tout ce que M$^{lle}$ Margaret Malone a écrit. Je la vis souvent chez elle, et tous les jours à la sainte communion durant sa grande épreuve, et j'étais sûr que sa grande foi serait bientôt récompensée.

Plusieurs médecins, faisant autorité dans la région par leur expérience et leur savoir, déclarèrent son cas désespéré. Il faut remarquer que celui de ces médecins qui a donné le certificat, constatant la guérison en dehors de ses prévisions, est protestant.

Je me rappelle très bien le jour et l'instant où, après une neuvaine de communions en l'honneur de la « Petite Fleur » durant laquelle elle s'était servie d'une de ses reliques, M$^{lle}$ Margaret Malone me dit et me prouva en présence de ses parents qu'elle était radicalement guérie.

Grâce à cette guérison, elle put être réadmise au noviciat des Petites Sœurs des Pauvres. S$^{te}$ Thérèse de l'Enfant-Jésus a encore montré ce que peuvent attendre d'elle ceux qui la prient avec foi !

R. H. GREY-GRAHAU,
*vicaire à Our Lady of Good Rid, Motherwell N. B., Ecosse.*

Voici l'attestation d'un des médecins :

19 août 1911.

Ceci est pour certifier que M{ne} Margaret Malone, 111 Roman Road, Motherwell, me consulta, à différentes reprises, au sujet de son œil gauche dont la vue avait complètement disparu. En faisant l'essai de cet œil, plusieurs fois je constatai qu'il ne pourrait jamais recouvrer la vue.

Je l'ai eue sous mes soins pendant un temps assez court, durant lequel il n'y eut aucune amélioration. Je l'envoyai de nouveau à la clinique des yeux, afin de voir si l'on pourrait faire quelque chose pour elle ; on lui dit que l'on ne pouvait rien de plus et on lui prescrivit un traitement pour préserver l'autre œil. Selon mon opinion, la condition de l'œil gauche existait depuis l'enfance, ou au moins depuis longtemps, sans qu'on s'en soit aperçu.

J'ai constaté que maintenant Mlle Malone voit parfaitement bien avec son œil gauche, chose à laquelle je ne me serais jamais attendu.

Docteur D. J.

**112.**

R. (Seine-Inférieure), 25 janvier 1912.

MA RÉVÉRENDE MÈRE,

Je viens vous soumettre un cas de guérison vraiment merveilleuse, due à l'intervention de Sr Thérèse de l'Enfant-Jésus.

J'ai prié la sœur qui a soigné la malade en question de me faire le petit rapport ci-inclus, lequel a été contrôlé par sa Supérieure.

X., *prêtre-aumônier*.

### Relation de la Sœur infirmière.

Le 18 novembre 1911, à 11 heures du soir, la Maternité de l'hôpital de A. recevait une malheureuse créature en pleines crises éclamptiques, son médecin trouvant le cas trop grave pour la soigner chez elle. Il ne croyait pas d'ailleurs qu'elle passerait la nuit.

Dès son arrivée, je fis venir le docteur de la Maternité qui pratiqua une saignée et donna les remèdes usités en pareil cas. Elle se trouvait dans l'impossibilité absolue de s'alimenter et je la nourrissais au moyen d'une sonde.

Le 19, à 9 heures du matin, la voyant à toute extrémité, je lui fis administrer l'Extrême-Onction ; elle était alors sans connaissance.

A 10 heures, le docteur, trouvant le cas désespéré et s'apercevant que les autres malades en étaient très effrayés, me dit de retirer celle-ci de la salle.

A 11 heures ½, je la plaçai sur un chariot roulant pour la conduire, par une galerie de 16 mètres, dans une chambre séparée. En chemin, je m'arrêtai un moment, croyant qu'elle allait rendre le dernier soupir ; lorsque, enfin, j'arrivai avec elle près du lit qui lui était destiné, je dis à ma compagne, tant j'étais persuadée de sa fin imminente : « Laissons-la mourir sur le chariot. »

C'est alors que j'eus l'inspiration d'implorer St Thérèse de l'Enfant-

Jésus ; je lui dis du fond de l'âme : « Ma bonne petite sœur, demandez à la Sainte Vierge que cette malheureuse fille recouvre sa connaissance afin de pouvoir se confesser. » A ce moment, je n'ai pas vu, mais *j'ai senti* que S' Thérèse était près de moi et, en écrivant ces lignes, j'en suis encore tout émue.

*Immédiatement,* les crises cessèrent et la connaissance revint.

Les choses se passèrent ensuite d'une manière extraordinaire. Le médecin ne pouvant rien pour elle, à cause d'un œdème considérable, l'enfant vint cependant au monde, le 23 novembre, dans les meilleures conditions, à notre grand étonnement.

Lorsqu'elle fut complétement remise, je lui racontai comment elle devait sa guérison à S' Thérèse. C'est alors que j'ai vu ma prière exaucée : touchée par la grâce, la protégée de l'angélique sainte s'est approchée des Sacrements avec beaucoup de foi et un grand repentir.

Depuis, le double miracle se maintient : elle vient me voir toutes les semaines, elle va bien physiquement et moralement. S' Thérèse, qu'elle prie tous les jours, n'a pas fait les choses à demi pour cette âme repentante !
S' X.

### 113.

Couvent de Notre-Dame St-Helens (Lancashire), Angleterre,
26 janvier 1912.

M<sup>me</sup> Webster, âgée de 58 ans, et demeurant a Saint-Helens, 85, Vincent Street (Lancashire), commença, au mois d'avril dernier (1911), à se sentir très indisposée ; elle se fatiguait facilement, avait un malaise général, surtout à l'estomac, était tourmentée d'une grande soif et d'étourdissements. Son état empira jusqu'au mois de juin ; elle fut alors obligée de consulter son médecin. Il lui dit qu'elle avait le diabète, ajoutant : « C'est très grave. » Elle suivit un traitement sans aucune amélioration ; au contraire, elle s'affaiblit visiblement de jour en jour.

Sa fille Marguerite, qui est domestique au couvent de Notre-Dame North Road, lui conseilla d'invoquer la « Petite Fleur de Jésus » qui fait tant de prodiges. La mère commença donc une neuvaine le 17 novembre, et le 24, huitième jour de la neuvaine, tous les symptômes de sa maladie disparurent, son appétit devint normal, et son organisme sembla se renouveler entièrement. Elle reprit tout de suite sa besogne ordinaire, sans fatigue, faisant même aisément la lessive.

L'heureuse cliente de la « Petite Fleur » montre la plus vive reconnaissance envers elle.

Suivent les signatures de M<sup>me</sup> Webster, de ses cinq enfants, d'un Révérend Père Jésuite, de la Supérieure du couvent de Notre-Dame et d'une des religieuses.

### 114.

Rahan (Tullamore), Irlande, 29 janvier 1912.

Mon enfant, âgé de 14 mois, tomba malade le mardi 19 septembre 1911. Le mercredi, deux prêtres qui passaient devant chez moi et que je priai d'entrer pour bénir le pauvre petit, le trouvèrent en grand danger et me conseillèrent d'appeler le médecin.

Il vint aussitôt et dit que le baby était très mal, qu'il avait le choléra d'été et que beaucoup d'enfants en mouraient à ce moment.

Il prescrivit quelques remèdes, mais l'état du petit patient empira et le vendredi 22 septembre, depuis une heure de l'après-midi, il parut mourant.

Le docteur vint vers quatre heures et essaya par toutes les manières de le ramener à la vie. Il lui pinça les oreilles, le prit par un pied et, lui tenant la tête en bas, le secoua plusieurs fois. Je le suppliai de le laisser mourir en paix et plusieurs personnes présentes firent de même.

Après une heure de ces soins violents, il mit le pauvre petit sur mes genoux en disant : « Il est mort ! » Puis, il se rendit chez une autre malade et dit de même : « Le bébé est mort ! »

Avant cela, j'avais envoyé ma fille au couvent de la Présentation pour demander des prières. Je désirais avoir aussi une image de la « Petite Fleur », mais je n'en avais rien dit. Cependant, les religieuses ne trouvèrent rien de meilleur à m'envoyer qu'une image de S' Thérèse de l'Enfant-Jésus.

Quand le médecin fut parti, j'appliquai cette image sur la poitrine de mon enfant et priai avec ferveur la « Petite Fleur » de Jésus de le sauver.

Une demi-heure après, il remuait la main ! Je lui mouillai les lèvres avec du thé, et le petit malade s'endormit pour jusqu'au lendemain matin 23 septembre.

En s'éveillant de ce bon sommeil, il se jeta dans mes bras avec force : il était entièrement guéri et tout joyeux !

Par précaution, mon mari m'a obligée à le laisser couché pendant huit jours ; mais, depuis, l'enfant court par toute la maison. Tous les témoins affirment que le fait est un prodige. Chaque soir, depuis le miracle, nous prions en famille pour la béatification de la « Petite Fleur ».

Maggie GRENNAN.

Suivent les signatures du père, de la sœur et d'une voisine et le certificat médical déclarant le fait « merveilleux ».

## 115.

Couvent des Petites Sœurs des Pauvres, L. (Angleterre).
5 février 1912.

Pour accomplir la promesse que j'avais faite, je vous envoie les détails de la guérison de l'un de nos vieillards, nommé John Mac Cormick et âgé de 65 ans. Le fait a eu lieu au commencement de novembre 1911.

Cet homme était à travailler lorsqu'il s'enfonça un morceau de verre, ou quelque chose d'analogue, dans un doigt de la main droite. Le doigt devint malade et quand je le vis quelques jours après, il était tout enflé et avait très mauvaise mine. J'y appliquai un cataplasme et fis d'autres remèdes pendant plusieurs jours, mais rien ne produisait d'effet ; au contraire, l'état empirait et je découvris bientôt tous les symptômes de l'empoisonnement du sang ; l'inflammation couvrait entièrement le dessus de la main et le doigt était tout noir.

Tout à coup il me vint à la pensée que si je priais la « Petite Fleur de Jésus » elle aurait compassion de ce pauvre vieillard et je lui dis : « Si vous voulez, vous pouvez le guérir, et si vous exaucez ma prière, je promets de demander la permission de publier le fait. »

Le lendemain matin, lorsque j'allai voir le vieillard, il me dit qu'il avait souffert toute la nuit, ayant des douleurs jusque dans le bras ; de sorte que j'avais presque peur d'enlever le cataplasme, craignant de trouver le doigt beaucoup plus mal.

Mais, quelle ne fut pas ma surprise de voir l'enflure complètement disparue et la main parfaitement bien : le pauvre homme était entièrement guéri !

Quoiqu'il eût pu se rendre à l'ouvrage ce jour-là, je ne lui en laissai pas la liberté. Il y retourna le lendemain et, depuis, il travaille continuellement.

Je racontai le miracle aux autres vieillards et, le matin suivant, l'un d'eux vint me dire : « Je vous ai bien écouté hier soir, lorsque vous parliez de la « Petite Fleur de Jésus », et je lui ai demandé de me guérir, car je n'avais pas dormi depuis huit jours à cause du mal de dents. Les douleurs ont complètement disparu et j'ai dormi toute la nuit. »

S' X.

Suivent les signatures du vieillard, du chapelain, de la Révérende Mère Supérieure et de plusieurs témoins.

---

**116.**

*Prieuré de Notre-Dame du Bon Conseil, Haywards Heath.*
(Sussex) Angleterre, 5 février 1912.

William Tuttle était gardien des forçats dans la Prison d'État de Newport (Ile de Wight) depuis environ six ans, lorsque différentes causes amenèrent en 1910 un état de langueur, accompagné d'insomnies et d'autres symptômes inquiétants ; il était atteint d'une anémie pernicieuse. Après plusieurs mois de soins et un séjour à l'hôpital, les médecins le déclarèrent incurable, et il fut conséquemment démissionné.

La maladie s'aggrava. Tuttle ne pouvait faire plusieurs pas sans perdre connaissance ; il ne mangeait plus, ne dormait plus, et sa pâleur devenait effrayante. Cet état alarmant durait depuis février 1911, lorsque vers la fin d'octobre, plusieurs neuvaines à Notre-Dame de Lourdes n'ayant obtenu aucun résultat, on commença une nouvelle neuvaine, cette fois-ci à la sainte petite thaumaturge, Thérèse de Lisieux.

Le second jour, 23 octobre, je crois, le médecin dit en terminant sa visite, que tout secours humain était impuissant, que les remèdes devaient être abandonnés. Il quitta le malade, croyant bien ne plus le retrouver en vie.

C'est à l'heure où tout secours humain avait disparu que la « Petite Fleur » montra son pouvoir. Cette même nuit, Tuttle vit une lumière brillante dans sa chambre, et une paix, une joie inconnues inondèrent son âme, tandis qu'un sentiment extraordinaire de vie s'emparait de tout son être. Il était guéri !

Sa mère (une protestante) qui le veillait, voyant que son fils se soulevait dans son lit, s'apercevant de quelque chose d'inusité dans son état, s'approcha et lui demanda s'il désirait quelque chose. « J'ai faim, très faim », répondit-il, sans faire allusion à l'intervention miraculeuse que sa mère n'aurait pas comprise, vu la différence de religion.

Il mangea du pain et, depuis cette heure, ses forces revinrent si rapidement que, trois jours après, non seulement il circulait partout, mais même se mit à scier du bois.

Le docteur, prévenu de ce mieux extraordinaire, refusa de croire au changement avant un examen sérieux, qui l'obligea à reconnaître que le mourant d'hier était parfaitement guéri.

Cette relation a été écrite après avoir interrogé Tuttle lui-même et d'après les renseignements reçus du R$^d$ Monsignor C., chapelain de la prison des forçats.

Tuttle fait tous les jours, pour se rendre à son travail, un trajet de plusieurs milles anglais, ce qui est encore une preuve de la réalité de sa guérison.

Nous lui avons donné une petite image de sa céleste bienfaitrice, il ne veut plus s'en séparer ; et serait comblé de joie s'il recevait une de ses reliques.
S$^r$ X., Prieure.

---

**117.**

(France).

Le fait que je viens rapporter s'est passé en mars 1911 :

M$^r$ X., âgé de quarante ans, était sur le point de mourir. La maladie qui le tenait depuis une année n'avait pas ramené vers Dieu ce grand pécheur ; son entourage, craignant de lui faire deviner sa fin prochaine, ne voulait pas laisser venir le prêtre ; c'était une âme qui s'en allait vers son éternelle damnation !

Après avoir vainement essayé de faire arriver M. le Curé jusqu'à lui, je commençai en famille une neuvaine à S$^t$ Thérèse de l'Enfant-Jésus.

Dès les premiers jours, ma femme réussit à donner au malade une image de la petite sainte, qui fut acceptée de bonne grâce. Il la regardait avec plaisir et lisait la prière plusieurs fois par jour.

Dans la nuit qui précéda la clôture de cette neuvaine, S$^t$ Thérèse lui apparut : « Oh ! qu'elle était belle ! disait-il. C'est au point que je l'ai prise pour la sainte Vierge ! » Mais ensuite il la reconnut, par sa ressemblance avec son portrait.

Elle lui avait annoncé sa mort prochaine et fait entrevoir l'éternel châtiment qui l'attendait, s'il ne se réconciliait avec Dieu, pendant qu'il en était temps encore... Il ne peut exprimer l'ineffable autorité avec laquelle cet ange lui avait dit : « *Sauvez votre âme !!!* »

Dès sept heures du matin, il nous fit demander un prêtre. M. le Curé y alla lui-même immédiatement. Le malade se confessa, communia en pleine connaissance, avec des dispositions admirables.

La conversion était complète et, pendant les trois jours qu'il vécut encore, le mourant ne cessa d'affirmer hautement et avec bonheur que, si la santé lui était rendue, il recommencerait une vie nouvelle, « *car il savait maintenant quelle voie il devait suivre...* »
X.

### 118.

Carmel de X*** (Amérique).

Notre regrettée S' Thérèse de Saint-Augustin, ma dernière professe et mon enfant de prédilection, aimait beaucoup votre petite sainte. Elle se nourrissait de la lecture de sa vie et me disait souvent : « La petite Thérèse faisait comme ceci ; elle disait telle chose... Si elle me prenait dans sa petite phalange ? Je n'en suis pas digne ! » Un jour elle vint me dire : « Ma Mère, je vais mourir. J'ai demandé à S' Thérèse de l'Enfant-Jésus de venir me chercher. Je ne peux plus vivre ici-bas, je veux voir mon Jésus ! » Je la grondai un peu, lui disant qu'elle ne pouvait demander cela sans permission et que le plus parfait, c'est de se laisser faire par le bon Dieu. Toute triste, elle me répondit : « Je ferai comme voudrez, ma Mère ! mais, je sens que Notre-Seigneur va m'exaucer. » Depuis ce moment, elle me parlait très souvent de sa mort prochaine et de son désir d'être dans la phalange des petites âmes, victimes de l'amour miséricordieux, que S' Thérèse a demandée au bon Dieu.

Quand nous vîmes notre chère enfant atteinte de la tuberculose, nous fîmes plusieurs neuvaines à votre séraphin, et S' Thérèse de Saint-Augustin riait, disant : « Elle ne me guérira pas, elle vient me chercher. »

Quelque temps avant nos élections, où je fus déposée de la charge de Prieure, je lisais, à la récréation, la relation de la grâce dont une de nos chères sœurs d'un Carmel de France avait été favorisée, en écrivant le miracle de Gallipoli. « Petite Thérèse, m'écriai-je tristement, vous faites partout des miracles et vous ne guérissez pas notre petite fille, je travaille pourtant beaucoup pour vous... »

Toute la soirée j'avais le cœur brisé. Enfin, après matines, je continuai d'exhaler mes plaintes à notre angélique sœur. Et le sommeil vint avec ce doux songe : Les cloches sonnaient à toute volée, la communauté psalmodiait le *Lætatus sum*.

Bientôt, l'harmonium de l'église fait entendre de mélodieux accords, une multitude de voix chantaient avec allégresse : une, plus distincte que les autres et plus forte, m'apportait ces mots que je me rappelai au réveil :

« Elle a toujours désiré la Patrie ! Le Ciel est ouvert... Je l'y introduirai sans retard... »

Je m'éveillai l'âme remplie à la fois de tristesse et de joie. Je ne puis définir l'atmosphère surnaturelle qui m'environnait...

Quand S' Thérèse de Saint-Augustin m'entendit lui raconter ce rêve mystérieux, toute joyeuse elle s'écria : « O ma Mère ! c'est moi ! La petite Thérèse va venir me chercher. »

La veille de sa mort, étant auprès de notre chère malade et voulant lui donner un breuvage, je respirai, tout à coup, un parfum exquis qui m'apporta une bien douce consolation. Après m'être assurée qu'il n'y avait rien dans l'infirmerie qui pût produire ce parfum, je me dis : « C'est S' Thérèse de l'Enfant-Jésus qui est auprès du lit de notre enfant... »

Le 30 août, notre chère petite Sœur invita toutes celles qui l'entouraient à considérer *les belles roses parsemées sur son drap*. Elle était

*Pluies de Rose.*

seule à voir ces fleurs du Ciel que S' Thérèse, sans doute, avait fait « pleuvoir » sur elle ! Puis, on lui apporta le Saint Viatique. Immédiatement après avoir reçu la sainte Communion, elle ouvrit les yeux, ils étaient d'une sérénité céleste ; elle sembla contempler longtemps une beauté ineffable et, dans cette extase d'amour, elle expira.

R$^{de}$ Mère X.

**119.**

*Guérison d'une petite sourde-muette à X. (France).*

Cette enfant, née le 17 avril 1903, fut atteinte, à l'âge d'un an, d'une forte grippe et de convulsions, à la suite desquelles elle devint complètement sourde. Comme conséquence inévitable elle demeura muette, ne prononçant que quelques mots à peu près inintelligibles et se faisant comprendre par signes.

Ses parents étaient décidés à la faire admettre à l'école des sourdes-muettes, lorsque, dans le courant de septembre, M$^{me}$ C. leur proposa une neuvaine à S' Thérèse de l'Enfant-Jésus pour demander la guérison de la fillette. Toute la famille C. s'intéressait à la petite infirme qu'elle avait eu souvent l'occasion de voir et qui lui paraissait une aimable et gentille enfant.

Ils choisirent à dessein le 30 septembre 1911, anniversaire de la mort de la Servante de Dieu, pour commencer la neuvaine. La petite fille venait la faire chaque jour avec M$^{lle}$ C. ; c'est-à-dire qu'elle s'y unissait en s'agenouillant devant une relique de S' Thérèse, tandis que la charitable demoiselle récitait les prières.

Le 3 octobre, elle recouvre l'ouïe ; sa mère est la première à s'en apercevoir. Elle se retrouve alors, sous le rapport de la parole, au point où elle en était lorsqu'elle cessa d'entendre : se servant des mots que peut comprendre et répéter une enfant d'un an. La parole lui est rendue ; mais il faut qu'on lui apprenne à parler, ce qui est un travail d'intelligence et de mémoire et ne peut se faire que peu à peu. L'enfant d'ailleurs est très bien douée et retient facilement les mots usuels et les courtes prières que lui enseigne M$^{lle}$ C.

Celle-ci, chaque jour de la neuvaine, présente la relique à la petite fille pour la lui faire baiser. Or, le vendredi 6 octobre, l'enfant lui fait comprendre qu'elle avait senti un parfum se dégager de la relique et elle raconte par signes, s'aidant des quelques mots de son vocabulaire, qu'étant dans son petit lit, elle avait vu S' Thérèse de l'Enfant-Jésus, très belle et tout auréolée de lumières ; qu'elle avait étendu les mains sur elle, comme pour la bénir, puis qu'elle était repartie au Ciel.

M$^{lle}$ C. essaie de s'assurer de la réalité de l'apparition et présente à l'enfant une étoffe de la couleur de la bure des Carmélites. La petite fille s'approche immédiatement du portrait et pose sur la robe de S' Thérèse, un petit coin de l'étoffe, indiquant ainsi que telle était bien la couleur de l'habit de son angélique visiteuse. Puis elle prend un air satisfait.

Pendant cette journée, elle resta toute pensive et, depuis, son visage rayonne chaque fois qu'elle regarde l'image de sa céleste bienfaitrice. Son grand bonheur est de prier devant la relique que son père reconnaissant veut voir, chaque jour, ornée de fleurs.

La joie qu'elle manifeste encore actuellement (janvier 1912) lorsqu'on lui parle de S<sup>r</sup> Thérèse ou qu'on lui met en main son image, a frappé plusieurs témoins. Cet enthousiasme, à plusieurs mois d'intervalle, paraît, étant donné la légèreté des enfants qui oublient si facilement et se fatiguent si vite d'un même objet, la meilleure preuve de sa vision.

On a écrit depuis au Carmel de Lisieux :

« La petite miraculée commence à donner des détails sur l'apparition. Ainsi, quand elle voit le soleil frapper sur de la dorure, elle dit joyeusement en désignant le reflet : « Petite Thérèse !... » Il en est de même à la vue d'un cercle doré ; alors elle encadre sa tête avec ses mains et cite encore la petite Sœur. »

Ce récit est fait d'après les relations des familles X. et C., les rapports médicaux du docteur et de la sage-femme qui soignèrent l'enfant et les renseignements fournis par M. de X. qui a bien voulu se charger d'obtenir ces documents et de les faire légaliser à la mairie et aux paroisses respectives.

### 120.

Communauté de X. (Limbourg hollandais).

Une de nos sœurs converses, Sœur Saint-Pierre, souffrait depuis lontemps de douloureux rhumatismes ; ses pauvres mains enflées devenaient de plus en plus impotentes et la souffrance augmentait à tel point, que le sommeil devenait presque impossible. Le docteur appelé ordonna des frictions, mais la sœur avait mis sa confiance en la « petite Thérèse ». Le soir, elle enveloppait la main la plus malade dans un linge où elle avait placé l'image de S<sup>r</sup> Thérèse.

Un soir que la sœur infirmière avait été empêchée de faire la friction, sœur Saint-Pierre appela plus instamment sa céleste amie à son secours Au milieu de la nuit, elle sentit une douce main qui la frictionnait et elle assure que S<sup>r</sup> Thérèse de l'Enfant-Jésus — car elle ne doute pas que ce soit elle — s'éloigna lentement de son lit.

Je dois avouer, et avec quelle joie ! que depuis cette nuit de grâce, le rhumatisme a complètement disparu, l'enflure aussi. Notre bonne sœur se livre à tous les travaux ; les jours de lessive, elle lave dans l'eau froide sans en éprouver aucun malaise. En un mot, elle est guérie !

Que Dieu soit béni de toutes les grâces accordées à S<sup>r</sup> Thérèse de l'Enfant-Jésus et par son intercession !   S<sup>r</sup> X.

## 121.

### Entrée dans l'Eglise Catholique d'un Ministre Protestant Presbytérien d'Edimbourg.

34, Warrender Park Terrace, Edinburgh (Ecosse), 23 avril 1911.

MA RÉVÉRENDE MÈRE,

Il y a maintenant plus d'un an que j'ai, pour la première fois, fait la connaissance de l'autobiographie de S' Thérèse de l'Enfant-Jésus (traduction anglaise). Je l'ouvris au hasard, et je m'arrêtai de suite devant la beauté et l'originalité des pensées. Je trouvai qu'il m'était tombé entre les mains l'œuvre d'un génie, aussi bien que celle d'une théologienne, d'un poète de premier ordre.

Je revins alors au commencement du livre et je le lus en entier. L'impression fut aussi durable qu'elle était extraordinaire. Je ressentis ce qu'éprouve une personne à qui le monde invisible apparaît tout d'un coup, et je m'écriai : « Thérèse est dans cette chambre ! » La pensée de cette belle âme me hantait. A certaines heures, il me semblait que je lui rendais un culte qui touchait presque à l'idolâtrie, tant elle m'apparaissait aimable. Puis, effrayé, je m'arrêtai sur cette voie dangereuse, m'accusant d'être un superstitieux... Ce fut inutile. Bientôt son image revint à mon esprit, et mon cœur était de nouveau son esclave, car elle refusait absolument de me quitter, disant : « *C'est ainsi que les saints aiment en Jésus-Christ. Ecoutez-moi ! Choisissez ma petite voie, car elle est sûre et c'est la seule véritable.* »

Sous les charmes de ces suaves paroles, je répondis : « Eh ! bien, ma « Petite Fleur », je tâcherai de suivre votre conseil, si vous m'y aidez, car depuis que je vous connais, mon âme soupire après votre voie si belle et si divine. Vous avez vraiment changé mon cœur. »

Ces quelques paroles rendent bien imparfaitement l'impression produite sur mon esprit par cette âme angélique, surtout depuis le jour où, pour la première fois, j'ai ouvert ce livre incomparable « Histoire d'une âme » (édition française), lequel, par les desseins de la Providence, j'ai acheté le jour même où se terminait une neuvaine à la « petite Thérèse », neuvaine faite à mon insu par certains amis. Mais ce n'est que dernièrement, à vrai dire, que j'ai commencé d'invoquer son aide.

Pour un ministre protestant, ce n'était d'abord pas chose facile. Mes préjugés — cinquantenaires — étaient là pour me le défendre. Après quelques efforts cependant, j'ai pu continuer avec une joie que je renonce à décrire. Un jour, étant sur le point de prier, elle me dit subitement : « *Pourquoi me demandez-vous de prier pour vous, si vous ne voulez pas connaître et invoquer la Sainte Vierge ?* » Aussitôt — car ce fut comme un éclair qui traversa mon esprit — j'ai compris combien c'était peu logique d'invoquer Thérèse et de négliger la Mère de Dieu. La lumière s'était faite, et immédiatement je me suis adressé à la sainte Vierge. La promptitude de la réponse m'étonna. A l'instant, mon âme fut débordée par un amour passionné, nouveau-né, un amour qui s'est agrandi et qui maintenant est un abîme. Mes préjugés disparurent, et je ne doutai plus qu'il me fallait traiter Marie comme un enfant caresse sa mère. La conséquence de ce nouvel état d'esprit fut que je m'élançai dans une étude plus sérieuse et plus approfondie de la foi catholique.

Le samedi suivant, dans mon voyage à X., où je devais prêcher, j'emportai avec moi plusieurs livres catholiques que je lus en chemin et au presbytère. L'étude de ces volumes a gravé plus profondément dans mon âme certaines impressions favorables. Toutefois, j'étais bien loin d'une résolution d'embrasser la vraie foi. Une masse de notes prises alors — elles sont encore sur ma table — me démontrent combien j'étais encore indécis, mais en même temps combien mon attachement au protestantisme était en train de s'affaiblir et combien s'affermissait chez moi l'attrait de l'Eglise catholique.

La lutte devenait aiguë, et, en moins d'une semaine, j'ai vu qu'il me fallait en venir à bout. C'était une semaine d'angoisses, une agonie d'incertitudes, laquelle se prolongea encore huit jours. Bien des fois, pendant cette quinzaine, j'ai dû subir des attaques de la part de Satan. Il me souffla que tout cela c'était de la folie, que je n'y gagnerais absolument rien. L'angoisse était telle que je faillis y perdre la raison, et je fus plus d'une fois bien près de suivre le conseil du tentateur et de rebrousser chemin.

Alors Thérèse intervenait. Avec quelle douceur pénétrante elle me disait tout bas : « *Suivez-moi! Ma voie est sûre!* » En même temps, ces paroles de l'Evangile retentissaient à mon oreille : « Celui qui ne porte pas sa croix et ne me suit pas ne peut être mon disciple. » Thérèse triompha ! Je me suis décidé à entrer dans la vraie Eglise et, pour couper court une fois pour toutes aux attaques de l'ennemi, j'ai de suite écrit à mes supérieurs d'alors, annonçant que mes rapports avec l'Eglise protestante étaient terminés.

Par une coïncidence frappante — non pas la première — mais laquelle on n'a remarquée que plus tard, ce fut le 9 avril, jour même où votre digne enfant brisa les liens qui la retenaient loin du Carmel, que j'ai rompu les miens pour me sauver dans l'Arche bénie de l'Eglise catholique.

Après quelques jours d'instruction, j'entrai dans la seule vraie bergerie, le jeudi 20 avril, prenant comme noms de baptême, ceux de ma céleste libératrice :

Franciscus-Maria-Teresia.

Quelle heure solennelle pour moi ! Ce fut bien la plus touchante de ma vie. Je ne l'oublierai jamais. Et moins encore le matin du jour suivant lorsque je fis ma Première Communion. — Mais Thérèse l'a dit : « Ces choses ne peuvent s'exprimer. »

Maintenant, comment pourrai-je jamais lui prouver ma reconnaissance ?... Je lui dois toute la joie de la foi ; elle a été l'étoile qui m'a conduit à Bethléem... Sans elle, je serais encore un protestant malheureux, errant dans la nuit profonde. Sans elle — et je tiens à répéter ici ce que j'ai publié dans la presse et proclamé partout, et que je confesserai toujours — sans elle, je n'aurais jamais prêté l'oreille à la voix de la vérité catholique. Ce serait donc me faire une faveur, ma R$^{de}$ Mère, que de publier, vous aussi, la grâce immense dont j'ai été l'objet, afin que l'on connaisse davantage la puissance d'intercession de la Sainte de Lisieux, et que, par elle, d'autres âmes soient éclairées et sauvées.

Veuillez agréer, ma R<sup>de</sup> Mère, l'expression de mon profond respect et prier pour moi, afin que je sache comprendre de plus en plus la doctrine de ma céleste Maîtresse, me faisant à son exemple petit enfant entre les mains de Dieu, car n'est-ce pas la « VOIE SÛRE » dans laquelle, avec tant d'insistance, elle m'a engagé à marcher ?...

FRANÇOIS-MARIE-THÉRÈSE GRANT [1].

---

[1] Le Rev. Alexandre J. Grant, membre de l'United Free Chürch, Eglise Libre-Unie, en Ecosse, a été reçu dans l'Eglise catholique par le R. P. Widowson, S. J., le 20 avril 1911, à Edimbourg.

Il est le premier ministre de l'Eglise Libre-Unie qui se soit fait catholique. Le Rev. A. J. Grant est Ecossais, né à Caithness. Il fit ses études au Collège de la Free Church, à Edimbourg, sous les maîtres les plus distingués, dont il se montra constamment digne autant par son travail que par ses talents.

A Fort Wiliam, Inverness, Ullapool et Tiree, où il exerça successivement son ministère, il s'attira l'estime et l'affection de tous par ses remarquables qualités d'esprit et de cœur. Nommé, en 1896, ministre à Loch Ranza, Arran, il y resta douze ans. Or, pendant qu'il était à ce poste, sa femme embrassa le catholicisme. L'événement rendit la position si difficile au sein d'une population absolument réfractaire aux idées catholiques, que le Rev. A. J. Grant prit le parti de démissionner et d'aller se fixer à Edimbourg. Il continua à prêcher pour l'Eglise Libre-Unie dans la ville et les environs, car il est célèbre comme orateur et très connu par son érudition, jusqu'au jour où la vérité apparut clairement à son esprit. Cf. — *Glascow Observer*, 21 avril 1911.

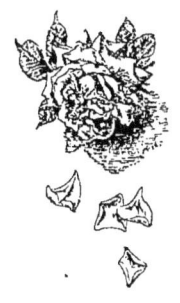

# Cantique pour demander la béatification
## de la Servante de Dieu
# Thérèse de l'Enfant-Jésus et de la Sainte Face.

(Musique de Mr F. DE LA TOMBELLE.)

*Pluie de Roses.*

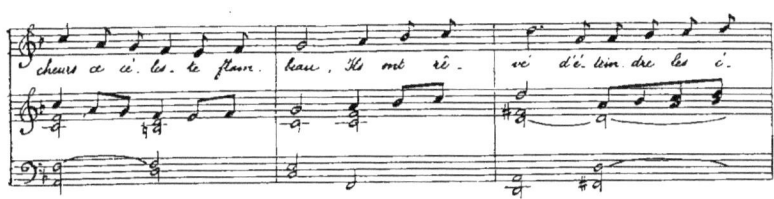

1

Par ta crèche, ô Jésus, Thérèse fut ravie,
Et tes traits enfantins, dans son âme attendrie,
Ont laissé leur empreinte et leur charme si doux..
Daigne glorifier sa petitesse aimable,
Elève sur l'autel l'amante de l'étable,
   Nous t'en supplions à genoux !

REFRAIN

Seigneur ! fais luire au firmament sans voiles,
Pour les pécheurs, ce céleste flambeau ;
Ils ont rêvé d'éteindre les étoiles :
Ah ! sauve-les par cet astre nouveau !

II

De ta Face sacrée elle adorait les charmes,
Et tes traits douloureux qu'elle baignait de larmes,
En la blessant d'amour, s'imprimaient dans son cœur.
Elle avait désiré ton sanglant diadème ;
Sur son front mets bientôt l'auréole suprême,.
  Nous t'en conjurons, doux Sauveur !

III

De ta « Petite Fleur », oh ! souviens-toi, Marie !
Ses suaves parfums, venus de la Patrie,
Nous font, dès cet exil, respirer l'air du Ciel.
Mère, pour embaumer toute la sainte Eglise,
« En son éclat » splendide, « en sa fraîcheur » exquise,
  « Qu'elle brille enfin sur l'autel ! »

IV

O Père tout-puissant ! elle veut, sur la terre,
Revenir effeuiller, semer, dans le mystère,
Les roses que ton Cœur a fait éclore aux cieux !
Quel déluge d'amour, quelle pluie ineffable
Tomberait à torrents sur l'homme misérable,
  Si tu voulais combler nos vœux !

V

Et toi, divin Esprit, doux Hôte de son âme,
Toi qui la consumais de ta brûlante flamme,.
De sa gloire, ô Seigneur, fais briller l'heureux jour !
Prouve ainsi que ton souffle inspira sa doctrine,
Pour qu'on marche, nombreux, dans sa voie enfantine
  Et qu'elle fasse « aimer l'Amour ! »

Le **12 décembre 1911**, avait lieu, à Bayeux, la séance de clôture du procès informatif de béatification de Sr Thérèse de l'Enfant-Jésus. Mgr Lemonnier, évêque de Bayeux et Lisieux, voulut donner à cette dernière session une extraordinaire solennité. Il la tint, en présence d'un nombreux clergé, dans la chapelle du grand séminaire et ordonna, pour le même jour, une bénédiction très solennelle du Saint Sacrement dans la chapelle du Carmel de Lisieux.

M. le chanoine Domin, aumônier des Bénédictines de Lisieux, qui fit faire à Sr Thérèse de l'Enfant-Jésus sa première communion, donna le Salut. Il était assisté par M. le chanoine Faucon duquel la Servante de Dieu reçut la dernière absolution.

Monseigneur avait autorisé le célébrant à réciter la prière pour demander la béatification de la Servante de Dieu. Elle fut dite après l'*Adoremus*, et suivie du cantique qu'on vient de lire [1].

Dans la nuit qui précéda cette fête, c'est-à-dire du 11 au 12 décembre, quelqu'un d'étranger au diocèse de Bayeux, qui n'a jamais été favorisé de grâce semblable et qui ignorait l'événement du lendemain, vit venir à lui, dans un songe mystérieux, une jeune Carmélite qu'il reconnut aussitôt (à cause de sa ressemblance avec ses portraits) pour être Sr Thérèse de l'Enfant-Jésus. Elle était souriante ; et, tandis qu'il la contemplait avec ravissement, elle lui dit :

« Demain il y aura fête en mon honneur à Bayeux... Je ferai tomber un torrent de roses... »

Alors il se sentit pressé de réciter la prière : « O Dieu qui avez embrasé de votre Esprit d'amour, etc... », et celle qui demande la béatification de la Servante de Dieu. Puis Sœur Thérèse disparut à ses yeux, mais il continua plusieurs jours à sentir sa présence qui le portait à une très grande ferveur.

---

[1] La permission de chanter ce cantique est spéciale à la chapelle du Carmel de Lisieux.

# PRIÈRE

*pour obtenir la béatification*
*de la Servante de Dieu THÉRÈSE DE L'ENFANT-JÉSUS*
*et de la SAINTE FACE*

O Jésus, qui avez voulu vous faire petit enfant, pour confondre notre orgueil, et qui, plus tard, prononciez cet oracle sublime : « *Si vous ne devenez comme de petits enfants, vous n'entrerez point dans le Royaume des cieux* », daignez écouter notre humble prière, en faveur de celle qui a vécu, avec tant de perfection, la *vie d'enfa   spirituelle* et nous en a si bien rappelé la voie.

O petit Enfant de la Crèche ! par les charmes ravissants de votre divine enfance ; ô Face adorable de Jésus ! par les abaissements de votre Passion, nous vous en supplions, si c'est pour la gloire de Dieu et la sanctification des âmes, faites que bientôt l'auréole des Bienheureuses rayonne au front si pur de votre petite épouse THÉRÈSE DE L'ENFANT-JÉSUS ET DE LA SAINTE FACE. Ainsi soit-il.

*Imprimatur :*

*21 novembre 1907.*  † THOMAS, *év. de Bayeux et Lisieux.*

O Dieu, qui avez embrasé de votre Esprit d'amour l'âme de votre servante, THÉRÈSE DE L'ENFANT-JÉSUS, accordez-nous de vous aimer, nous aussi, et de vous faire beaucoup aimer. Amen.

*50 jours d'indulgence.*

*17 juillet 1909.*  † THOMAS, *év. de Bayeux et Lisieux.*

Bar-le-Duc, Impr. Saint-Paul. — 5136.4.12.

www.ingramcontent.com/pod-product-compliance
Lightning Source LLC
Chambersburg PA
CBHW070242100426
42743CB00011B/2099